法律電影院

THE LAW CINEMA

精闢解析18部經典法律電影

蔡兆誠｜著

蘇序

如果說藝術終極的探索還是人性，則電影這樣的第八藝術，挾其「綜合」的優勢，更可以撲、摳、撩、剝，看光人性幽微、冷酷與反抗、同情的層積底蘊。但電影為什麼會和法律扯上關係？

讀法律人類學有關法律制度演進的討論，就知道在地球上諸多人類社會，「法庭」的出現即標示該社會已經發展到一定的複雜程度，人們不再容忍血淋淋的鬥爭作為化解衝突的出口。換言之，法庭本來就是決鬥的替代，讓特定的人循一定的儀式，來解決某甲和某乙的衝突，乃至統治關係出現的大大小小衝突。至於法律的內涵越來越有可預見性，主持審判儀式者也越來越專業及中立於衝突，大概都是這個制度發展到更成熟階段以後的事。但法庭作為社會衝突的集散中心這個本質，從來沒有改變過。如此說來，法庭本來就是劇力萬鈞、書演人性的絕佳戲臺，從莎士比亞的「威尼斯商人」到京劇的「玉堂春」，都可證明，今天的第八藝術也在這裡落腳，一點都不奇怪。

美國電影百拍不膩的，就是法庭。因此當美國電影工業控制了地球上百分之八十的電影票房以後，美國以外的人，一部接著一部的看，漸漸以為法庭就該是這樣，這裡當然包括我們台灣人。寫影評的人從這些法庭電影中看到各種人性的流洩，但略過了很多他們其實沒有真懂，或者自以為已經搞懂的屬於「法律技術」層面的細節，讀影評的人跟著糊里糊塗的生出一些原來沒有的憬悟和啟發，這倒還是藝術鑑賞本來就免不了的美麗錯誤。比較麻煩的是，很多非美國人進了自家法院以後，愕然發現完全不是這麼一回事，法律制度當下就被電影藝術打敗了。一位德國律師告訴我，他的當事人在法庭找到座位以後，左右觀望了一遍，竟然狐疑的問：「陪審團在哪裡？」如果你知道德國法律制度在法律專業的評價有多高，而且德國法律界從來沒有認真考慮過要引進陪審團制，就不難想像這位律師驚訝和挫折的程度了。

所以蔡兆誠律師修訂再版的這本書，雖然可能仍把法律專業當成預設的對話者，裡面也提到一位熱心的法院院長到處打聽哪裡可以買到這本書所討論的電影，想買來給法官公餘觀賞，但除了大部分法官、檢察官和律師其實都忙到沒有時間看電影，因此大可放棄這些讀者外，以他評論的方向，正在詮釋這些美國法庭電影法律制度的內涵，讓我們更清楚美國編導和美國觀眾是在什麼制度基礎上傳遞他們對人性的體會。我第一個推薦看這本書的對象，反而是國內的影評家，請你們回頭看看影評中有多少省略的技術細節，弄擰了多少真正的人性觀察。當然還有廣大的影迷，或許讀過這裡面的評論以後，再租回帶子看看，會有截然不同的體會，也未可知。但我認為作為另類影評家的蔡律師，最了不起的貢獻還不在闡明電影藝術的法律細節，而在他很細心的比較了美國和我們本地法律制度的不同，足以減輕前面提到的輸入美國法庭電影非常嚴重的後遺症，也讓讀者乘著看電影的興頭，想想一些法律的問題，了解不同國家的法律制度之間，還有著如許的不同，從這些殊異，又可看到更多的共相。對於人性，或許也會有更深一層殊途同歸的感受。

我認為一定要讀這本書的，是司法院的官員。毫不誇張地講，美國沒有司法院，好萊塢已經承擔了司法院的功能。法庭電影除了傳遞和不斷強化美國社會的價值以外，也不斷強化了美國法律的社會基礎。從這本書介紹的法庭電影的多樣性即知，電影工業對法律制度絕對不只是盲目的支持和歌頌，實際上觀眾看到更多的是批判和質疑，他們看到審判者面對社會和政治壓力的脆弱，看到陪審團的可操縱性，律師唯利是圖、為魔鬼代言的刻板印象更是不斷被強化，和歐洲不一樣、完全被推到行政體系的檢察官，則似乎個個都有濃厚的政治動機。沒錯，從「提升法治」的期待來看，很多法庭電影的「主題意識」好像都很有問題。然而如果你再深一層的思考，借用結構功能社會學的概念，電影「模式維護」功能之所以能發揮得淋漓盡致，恰恰不在掩飾，而在揭示了法律制度的不足，如同打預防針，告訴還沒有踏進法院的人，法官也有七情六慾，專家證人是可以用錢買的，陪審團有可能迷惑於兩邊律師狡詐的交叉詰問，而死刑可以糟到什麼程度，然而所有這些瑕疵，都因為司法制度的無可替代而只能忍受。美國人民經過這些批判的洗禮，不但更了解法律是如何運作，而且有了更好的「加入」的心理準備，對於司法的產出先建立了恰如其分的期待值。回頭看看我們這邊，不是我潑司法院的冷水，沒有多少民眾知道司法院在推動什麼了不起的改革，更糟糕的是，大家似乎完全不在意。如果司法院到現在還不知道，當台灣的電影從業者用盡了各種題材以後，仍然不想、也不懂如何碰觸法庭題材時，背後意味人民對司法制度有多大的疏離，而這才是司法院真正要處理的問題，花再多力氣去改變制度，而不設法提高人民對司法的認知和認同，最後得到的終究還是不信任，而一旦沒有信任，司法的社會功能其實相當有限，更不要期待人民感受到所謂公平正義了。

除了作為這些文章的忠實讀者以外，我對於蔡律師最深刻的印象，就是他對法律的熱情，不是法律圈的人士，很難想像這個熱門行業是如何的欠缺那種「就法言法」以外的熱情，外面的人把法律當成一種專門技術，投入法律職業的人真的就把它當成一種條文演繹的行當和謀生的利器。我們的司法官、律師和法律教授，給人的印象是他們很會之乎者也的相互溝通，很嚴謹的完成每一個儀式，但很難讓人感受到一絲絲人性的關懷，贊成或反對死刑，工業發展與環境保護孰重，到了他們的嘴裡好像都只是照本宣科。熱情和創意，好像完全不屬於這個行業。雖然這實在是唐突了專業這個專有名詞——專業而沒有熱情，其實已經失掉專業最重要的內涵。這固然是傳統文化排斥和疏離法律的結果，但不應該成為這個行業的宿命。我第一次注意到蔡律師，就是他為死刑犯奔走，居然會爬梳故紙堆，從半個世紀前懲治盜匪條例的立法史去挑戰最高法院，讓人感受到法庭電影劇本才有的泊泊創意，和遠遠溢出處理一個個案所需的某種法律理念的澎湃熱情。以後讀他的文章，了解他在參與法庭活動時，不斷質疑許多僵硬形式的心境，他會在工作之餘，夾議夾敘的寫出一篇篇法庭電影導讀，也反射出「法律運作可以不是現在這樣」的抗議。老實說，因為看到幾個他這樣年輕律師的身影，我對台灣的法律專業，又燃起了一點希望。

所以最後，我還要推薦法律系學生讀這本書，學著從電影了解法律，從法律了解人性，也從這本書感染對法律的熱情，作個真正入世的法律人。

國家通訊傳播委員會主任委員
蘇永欽 謹識

李序

蔡兆誠律師，本書的作者，是位充滿理想、才華洋溢，而又喜愛電影的青壯世代法律人。法律人愛看電影的一定不少，但是能像兆誠一樣鍾情於法律電影而且持續提筆寫影評，闡述電影故事背後法律理念的人卻不多。不管是否看過本書所選的電影，都值得一讀本書；兆誠寫的影評，和電影一樣精彩。

本書選了18部電影，大多數是以美國社會為背景的法律故事。故事精彩，電影也精彩，所以吸引了觀眾，甚至勾引出了兆誠的精彩影評。兆誠在新版後記中問到：台灣有沒有可能拍出精彩的法律電影？這句話觸動了另一個疑問：台灣為什麼不能經常拍出精彩的法律電影？兆誠認為成本高低不是問題，低成本一樣可以拍出好電影；他還點出題材也不是問題，台灣也有法律，有法律的地方就可以有好的法律故事題材。我想，原因應該出在社會文化的差異吧。

稍微留意一下，就可發現法庭活動場景在美國電影、電視影片中出現的頻繁程度。也許是因為每個美國人都有進入法庭擔任陪審員的機會或經驗，也許是因為美國社會深信法庭是能夠保障權利、交付最後正義的神聖場所，也許是因為法官在美國人心中確實擁有崇高無比的社會地位，美國影片中經常出現法庭審判社會爭議的場景，就正是社會生活觀念的正常映照。台灣的司法，在人們心中，還沒有成為正義的化身，不是終極的尺度所在；足以反映社會生活與文化價值的電影，自然也就少以司法活動探索法律爭議做為題材。然而，在台灣觀賞西方的法律電影，其實在一定的程度上填補了東西方文化中社會正義追求途徑的差距與空隙；雖然在許多對於法律或司法感到陌生的台灣觀眾心目中，一定不乏以為台灣的法庭活動場景就像美國電影描述的景緻一樣者。

美國電影對於法律的重視，也廣受美國法律界的注意。1997年由牛津大學出版、美國資深法學教授史華茲（Bernard Schwartz）撰著的《美國法律排行榜》（A Book of Legal Lists - The Best and Worst in American Law）書中，列出了13個項目的榜單，與「10位最偉大的最高法院大法官」、「10位最差勁的最高法院大法官」、「10個最偉大的最高法院判決」、「10個最差勁的最高法院判決」、「10份最偉大的不同意見書」……等項並列的就是「10部最棒的法律電影」。史華茲教授的選擇，反映了他與兆誠的年齡差距；史氏書中入榜的10部美國電影有8部都是1960年代以前的作品，1970年代的只有「力爭上游」（Paper Chase, 1973）、1980年代的只有「大審判」（The Verdict, 1982）。史氏榜單與兆誠選單的唯一聯結是「12怒漢」（Twelve Angry Men, 1957）；有趣的是史氏選的是亨利方達（Henry Fonda）的舊作（黑白片），兆誠選的則是傑克・李蒙

（Jack Lemmon）的新作「彩色片」，一部全片從頭到尾只在敘述12個陪審團員如何在聽審之後，決定一位弒父疑犯有罪還是無罪的過程。同一個題材，美國電影界一拍再拍，舊片新片同樣劇力萬鈞！

坦白說，史華茲教授的10部法律電影排行榜，取角遠不如兆誠來得寬廣；所選的電影題材，也不如兆誠的豐富。如果讀者想要按圖索驥，照著單子逐一欣賞，以兆誠的清單為藍本，捧著兆誠的影評對照，一定覺得精彩許多。之所以在此提到史氏的選單，只是要說明美國法律電影的數量繁多，多到經由不同背景的法律人仔細取捨，竟可到達選擇全不一樣的程度！其實，我也曾經將自己以為極佳的一部憲法人權電影列在教科書中建議學生欣賞，那是羅賓威廉斯（Robin Williams）主演的「變人」（Bicentennial Man, 1999），或許一般人不會以為敘述一個機器人如何取得「人籍」的這部電影算得上是法律電影（片中出的兩次法庭宣判，都是虛擬的世界議會法庭），它也未在兆誠的選單上出現。

由此可見，法律電影成為電影欣賞的一個專題領域，可有取之不盡、閱之不竭的絕佳片源。這也就成為我要鼓勵兆誠在出版了本書之後，再接再勵提筆撰述法律電影評論的理由。希望有一天，不但兆誠還有連綿不斷的影評新作出現，而且他所品評的法律電影中，也開始出現華人的作品，那樣就足以顯示：兆誠藉著撰寫法律電影影評而將現代法律觀念引介並融入東方本土社會生活的願望與理想，已在社會生活的實際經驗中，逐漸開花結果，功不唐捐！

李念祖律師 謹識
中華民國96年元旦

楊序——世俗中的理想人物

五年前的一個暖冬下午，成千上萬的韓國年輕人因為對電影的熱情走上街頭，我的第一部電影「扣扳機」受邀參加釜山國際影展剛好恭逢其盛，不但一睹韓國電影成為亞洲電影的主流龍頭，更體會到一個國家的強盛絕對不只是船堅炮利，而是需要國家領導人對感性產業與文化力量的遠見。當天的座談會，我面對現場近千名年輕觀眾談到：「你們是幸福的！因為你們的國家重視電影、音樂和運動，所以你們可以選擇深具創意的行業來謀生，從工作中培養出豐厚的人文素養與社會觀察力。二十年後，你們成為這個國家的決策菁英時，處理看似極為理性的工程建設與法制規章時，也會因為照顧到人性與美的價值，而讓社會的發展更加和諧、繁華與進步。」

法官、檢座和律師工作案牘勞形，桌上永遠有處理不完的公文訴狀，繁瑣細密的法律條文與詭譎多變的奇情人性交錯牽連，實在很難輕鬆愜意地去享受人生，更別談大量閱讀幾近「消遣行為」的文學與電影。不過蔡律師非但法律專業上的成績斐然，假日一同出遊之際，每每聊起電影欣賞與閱讀的心得，觀察細微、立論獨到，令從事電影工作的我自嘆弗如，沒想到他不甘巷議清談就罷，還將電影中那一幕幕驚心動魄的法庭交叉詰問現況報導、集結出書。因而《法律電影院》裡那一篇篇精彩又真實荒唐的情節、隱藏黑暗角落的人性枷鎖，在蔡律師抽絲剝繭的思維理路中，情理法雖糾葛迷亂但正義終究有跡可尋，每一篇法庭電影文章背後，盡是人權律師的天地良心與擲地真言。

我終於體會到那是世俗中的理想人物典範，處理看似極為理性的律師訴訟案件，也會因為照顧到人性尊嚴的普世價值，而讓正義不只是一時一地的存在，更是社會發展和諧、繁華與進步的指標。年輕時的法律系學生因為大量閱讀文學藝術書籍，還經常溜進戲院看電影，當他成為社會的決策菁英時，他不會只顧及一時的勝利、勝訴與勝選；他不會只在乎一時的功成名就、錦衣玉食；他在法庭上義正辭嚴時，站在背後給他力量的是克雷倫斯‧丹諾、傑利‧史班斯、愛倫‧德許維茨這些典範。

我建議所有年輕朋友看這本書，因為在學習世故的途中，還能保持著純真且堅定的信念，那真是一種幸福啊！

楊順清 謹識

楊順清導演作品：「扣扳機」（2002）、「臺北二一」（2003）、「我的逍遙學伴」（2005）

楊順清編劇作品：「牯嶺街少年殺人事件」（1990）（與楊德昌、閻鴻亞合編）、「扣扳機」（2002）、「臺北二一」（2003）、「我的逍遙學伴」（2005）

「臺北二一」一片獲得第四十九屆亞太影展「最佳影片獎」（2004）、「牯嶺街少年殺人事件」獲得金馬獎最佳原著劇本（1991）

自序——從飯店到法庭

高中畢業那年，唸自然組的我沒考上大學。一年後的重考，似乎很遙遠，何況自己還沒想清楚要不要唸大學，所以就沒有馬上到南陽街報到。

在家看了幾個禮拜小說之後，決定出門找工作賺錢。先到黑松汽水工廠搬汽水，每天騎腳踏車上班；一個月後榮升生產線上的作業員，負責看機器、補充汽水、沙士。在汽水工廠工作的好處是，汽水、沙士免費供應，隨時開冰箱自己拿。中秋節，工廠致贈秋節禮品——橘子汽水一箱，我放在腳踏車後座慢慢騎回家，感覺很瀟灑。

後來改行到桃園大飯店長春藤西餐廳端盤子。穿起服務生的制服還挺合身的，只是碰到老外點菜，有時會把煎蛋、炒蛋、蛋卷搞錯。廚房師傅對我不錯，混熟了之後，鼓勵我到廚房拜師學藝，他可以在大師傅面前美言幾句，讓他收我為徒。「就算唸完大學畢業，找工作也不見得一個月有四、五萬！廚房學藝要三年多，也跟唸大學差不多。」他說得有理，我也認真考慮，當廚師也不錯，沒聽過廚師餓肚子的。

學中餐好呢？還是學西餐？或者學糕點？餐廳領班建議我學西餐，中餐湯湯水水、油油膩膩的，不如西餐清爽。結果我並沒有成為小廚師。光輝的十月快到了，許多僑胞要回國參加慶典，飯店訂房率大增，旅館部缺人，聽說小費比較多，我就轉過去當Bell Boy（行李員）。在飯店門口開車門、提行李、送入房間、領小費，看似輕鬆，碰到大件行李或團體，有時也搬得氣喘吁吁。

飯店蓋在半山坡上，周圍很荒涼，山坡上長滿了芒草，夕陽西下時，景色蒼茫。下午通常少有房客進出，沒事我就在飯店門口踱步，看夕陽，胡思亂想：我的高中同學現在都在唸大學，有唸台大、有唸清大的，不曉得他們現在怎麼樣了，我要不要也去唸唸看？

現在這種生活我適應的很好，也過得不錯。靠勞力賺錢，其實這就是社會中大多數人的生活方式。簡單而踏實，我也多少了解了一點。要不要去廚房當學徒？

後來決定還是去唸大學。唸唸看嘛，不喜歡我還可以再回來。只是唸什麼呢？讀自然科學、當愛因斯坦的夢已經淡了，幾個月的工作經驗，心裡微細的社會意識萌芽。假日到桃園文化中心圖書館找資料，社會科學的東西好像都很厚重、枯燥，後來翻到一本判決彙編，有件判決是學生告學校不該將他記過。怎麼有這麼有趣的事？判決文字略帶文言，處理的卻是鮮活具體的人間紛爭，依據是公理、正義等抽象的哲學理念，這不就是我一向關心的主題嗎？於是決定唸法律系。

我遞上辭呈，回家準備重考。從自然組轉社會組，當時只剩三個多月的時間，我戲稱為「百日維新」。時間緊迫，來不及進補習班，只有在家裡自己唸、做考古題，包括數學在內，沒有人教，沒有人討論，只有自己看參考書，自己想辦法解答。考完最後一科，我就知道自己上台大了。

大飯店門口來回踱步看夕陽的少年，這個意象象徵我生命中的重大轉折。當時的我，不可能想到自己有一天會當律師，參與推動司法改革和人權運動；雖然當時就喜歡看「洛城法網」、法庭電影，卻根本沒料到自己後來會到美國唸書，回來推動法庭交叉詢問，在律師職前訓練所教「交叉詢問」技巧，還受邀到司法官訓練所「法庭活動實務研究班」座談；更沒想到的，是自己竟然成為我崇拜的電影導演楊德昌的法律顧問，幫忙擬電影合約。

世事難料，就像電影「新天堂樂園」的結局，不勝滄桑之感。回顧幾年來的律師生涯，倒也辦了幾件值得留念的案子：如名譽損失獲得五百萬元的精神損害賠償，創下國內的歷史紀錄（參「審判終結」）；如義務辯護案件發現懲治盜匪條例早已失效（參「越過死亡線」）。

學法律使我獲得許多特殊的經歷，對於我這樣喜歡聽故事、講故事的人而言，就像好電影，真的回味無窮。儘管我永遠不會知道，如果當初決心下廚，是否今天會更有成就感？更快樂一些？

1996年8月，留美期間到華盛頓D.C.美國最高法院參觀。

美國人把這個全世界權力最大的司法機關蓋得像宗教聖殿。精緻的大理石建築、三角形屋頂與列柱間完美的比例、莊嚴的古典雕像，司法正義的形象以一種神聖的姿態具體呈現。我在紀念品部看到一本有趣的書——《人權憲章：使用說明書》(The Bill of Rights: A User's Guide)，作者Linda R. Monk是哈佛法學院的畢業生，內容是美國憲法中人權條款的簡要說明，附上珍貴的圖片和有趣的漫畫，以及精彩的案例，非常生動有趣，一般中學生就可看懂，連我這學法律的人都覺得好看。台灣為何沒有這種書？因此觸發了本書的寫作構想。

台灣「科普」的書很多，「法普」的書卻很少。這一點很奇怪，法律當然比高深的科學更貼近一般人的生活，也應該更容易理解。可是，對照科普書的盛行，「法普」的寫作卻明顯貧弱。本書是「法普」寫作的嘗試，透過精彩的電影故事，探討說明一些重大爭議的法律問題。其中多部電影是真實案例改編，文中舉例引證國內案例許多是我辦案經驗的實際案例，比起法律教科書中枯燥、沒有血肉的案例，要來得生動有趣多了。行文之際常借題發揮，是為了充分闡述題旨使然，尚請讀者諒之。

寫作期間並不自覺，成書之後回顧，才發現絕大多數是討論人權有關的議題。對於人權觀念貧瘠的台灣而言，本書不妨作為法律、人權觀念有趣的入門書。本書雖然不是學術性的著作，卻也盡量做到符合專業水準的精確考證，並廣泛收集外國資料，以拓展視野。部分篇章，對於國內法律界目前爭論的重大議題（如證據排除法則，參「捍衛總動員」一文），相信也有些參考價值。

台灣其實有很多轟動精彩的案例，是法律電影的好題材。如蘇建和等三名死刑犯、懲治盜匪條例、美麗島事件軍法大審。當我們為「以父之名」中北愛爾蘭的冤獄激動不已的時候，請不要忘了自己的土地上有更多值得關注的人權、正義、法治的議題。

蔡兆誠律師 謹識
於2000年

目錄 contents

評論

新版後記 346

01「死亡・處女」——轉型正義

Death and the Maiden

「死亡・處女」——轉型正義

法西斯政權下遭受非法逮捕、嚴刑拷打的被害人，

一朝得勢之後，用的是一樣的手段，

好人和壞人有何不同？

如果不用這種手段，證據那麼薄弱，如何能使壞人定罪？

真相永遠不可能大白，正義永遠不能伸張，

難道要任憑壞人逍遙法外？

然而，用刑求逼供做手段，最後得到的認罪自白，

就是真相嗎？

片名：**死亡・處女**（**Death and the Maiden**）

導演：羅曼・波蘭斯基

演員：雪歌妮・薇佛

班・金斯利

史都・威爾森

原著劇本：亞瑞爾・多福曼（Ariel Dorfman）

這部電影是波蘭名導演波蘭斯基1994年的傑作，改編自智利劇作家多福曼的百老匯名劇。比起他以往以影像風格取勝的電影手法，本片從頭到尾只有三名演員，主要場景只有荒僻曠地中的一棟住家，卻更為劇力萬鈞、懾人心弦。全片現實與哲學性的論題交錯，同時又驚悚懸疑，高潮迭起，足可媲美著名的希臘悲劇「伊底帕斯」。是一部既好看又發人深省的傳世之作。

故事背景是九〇年代剛結束獨裁軍政府統治的某南美國家。寶琳娜（雪歌妮・薇佛飾）從廣播中聽到，新任的民選總統決定任命她的丈夫，知名的人權律師傑拉多（史都・威爾森飾）為人權委員會主席，負責調查軍政府時期大肆逮捕、凌虐、殺害異議份子的暴政。

傑拉多回家途中因車輪爆胎，搭了一位醫生的便車回家。寶琳娜對傑拉多的新職大表不滿，因為軍政府下台前大赦天下，包括原軍政府人員也通通赦免，並且規定任何有關失蹤異議份子的調查，不得公布相關負責人的姓名。如此一來，人權委員會還能做什麼？

傑拉多則解釋，改革需要時間，要一步一步來，新政府不能採用以前法西斯政權的作法，一切要憑證據。

雙方爭執之際，讓傑拉多搭便車的醫生羅貝他・米蘭達（班・金斯利飾）突然回來。原來，羅貝他也從廣播中聽到傑拉多的新任命，特地送了一個備胎回來，表示仰慕之意。傑拉多邀請醫生進來喝杯酒，寶琳娜躲在房裡不肯出來。

原來，寶琳娜十五年前曾被軍政府逮捕，飽受酷刑，導致精神受創，至今餘悸猶存，不敢見陌生人，怕聽午夜的敲門聲。

不料，寶琳娜在房中偷聽丈夫與醫生的對話，卻赫然發現羅貝他醫生「就是」十五年前她被逮捕、凌虐時，在場協助刑求過程，並進而強暴她十四次的醫生。

於是，寶琳娜藉機將羅貝他醫生打倒、綑綁，並用槍脅迫丈夫配合。

寶琳娜一心想要復仇。傑拉多質疑寶琳娜被捕之後雙眼就被矇住了，如何能確定羅貝他就是那名醫生？寶琳娜則堅稱她記得醫生講話的聲音、笑聲、口頭禪，還有醫生身上的味道。

傑拉多反駁指出，這是十五年前至今的記憶，太不可靠了，而且，寶琳娜以前也誤認過別人。寶琳娜則堅持，她要「以其人之道還治其人之身」加以拷問，如果醫生肯坦承犯行，就放他一條生路；否則，就殺了他。

她將同時扮演檢方和審判者的角色，而由國內最著名的人權律師傑拉多擔任被告羅貝他醫生的辯護律師，這可是她當年被拷問時所享受不到的待遇！傑拉多在寶琳娜槍口的威脅下不得不配合。於是，一場戲劇性的審問就在午夜中進行。

傑拉多私下說服醫生，為了保命，只有認罪、自白。羅貝他先是不相信，以為傑拉多夫妻分別扮演「白臉」、「黑臉」，想騙他招供，遂一再堅稱無辜，主張寶琳娜被捕當年，他在西班牙巴塞隆納，根本不在國內，可以打電話向當地戶政人員求證。

寶琳娜對醫生的不在場抗辯嗤之以鼻。在傑拉多夫妻軟硬兼施下，醫生不得已同意配合傑拉多的說詞寫下自白書，並配合錄影存證。

寶琳娜對醫生錄影的勉強表現很不滿意，指責他只是在虛應故事，毫無誠意。爭執之際，寶琳娜怒斥醫生的自白根本講錯了；她當時不是被用繩子綑綁的，醫生恐慌之下，改口說：「是鐵絲！是用鐵絲！」寶琳娜隨即咬定，果然是你！當時確實是用鐵絲！

醫生趁機奪槍，雙方一場混戰，槍還是被寶琳娜搶回。這時天色漸亮，寶琳娜決定把醫生拖到海邊殺死。

傑拉多大驚，趕緊撥電話到巴塞隆納的戶政單位查詢，撥了半天，終於找到醫生講的戶政科長，他親口證實，當時羅貝他醫生確實在巴塞隆納。傑拉多大喜，趕緊衝到海邊，想挽救醫生一命。

寶琳娜的反應卻是，醫生早就準備好假的「不在場證明」，軍政府人員為了掩蓋罪行，早就把脫罪證據安排妥當，這是人盡皆知的事，根本不是新聞。一番話說得傑拉多啞口無言。

正當寶琳娜要下手殺死羅貝他醫生時，醫生終於自白了！他緩緩道出當年如何受他擔任祕密警察的弟弟所誘，而替他們服務，一開始還以醫生的天職，替受傷的人犯服務。漸漸享受權力的滋味，以侵辱人犯為樂。自白的語氣真摯動人，傑拉多氣得想殺他，卻下不了手。寶琳娜緩緩走開，留下醫生跪在地上，望著茫茫大海。

本片有許多值得分析探討之處：

我國刑事訴訟法第一六五條第一、二項規定：「被告之自白，非出於強暴、脅迫、利誘、詐欺、違法羈押或其他不正之方法，且與事實相符者，得為證據。被告之自白，不得作為有罪判決之唯一證據，仍應調查其他必要之證據，以察其是否與事實相符。」自白必須出於被告的自由意志才可以當證據，這是民主法治國家保障人權所共同遵守的原則。

本片提出的基本問題，是實體正義與程序正義的衝突。寶琳娜很清楚，憑她所有薄弱的證據，沒有任何法庭會判羅貝他醫生有罪。只有用這種方式，才能找出真相。

然而羅貝他醫生真的就是當初折磨、強姦寶琳娜的人嗎？

醫生最後垂死的自白，是自認「人之將死」而真誠的悔罪，還是垂死掙扎時，用演技絕佳的虛偽自白，來求免一死？「不在場證明」是真是假？醫生說出「鐵絲！是用鐵絲！」，是情急之下露出口風，還是隨口搪塞，卻剛好矇對了？

寶琳娜要的不是醫生的命，她要的是真相，要的是醫生真心認罪。她真的得到她所要的嗎？結局乍看似已真相大白，可是又不盡然，留給觀眾滿腹疑惑。

本片精彩之處，來自於角色的倒錯——

寶琳娜由曾受嚴刑拷打的人犯，變成大動私刑的拷問者。涉嫌參與拷問、凌虐，甚至強姦異議份子的羅貝他醫生，成為堅稱清白、要求公正審判的被告。捍衛人權、推動改革的人權律師傑拉多，則變成違法逮捕、刑求的共犯。何以致此？

這部片子提出許多發人深省的「轉型正義」問題：

法西斯政權下遭受非法逮捕、嚴刑拷打的被害人，一朝得勢（片中寶琳娜掌握的槍就代表權力）之後，用的是一樣的手段，好人和壞人有何不同？

如果不用這種手段，證據那麼薄弱，如何能使壞人定罪？真相永遠不可能大白，正義永遠不能伸張，難道要任憑壞人逍遙法外？然而，用刑求逼供做手段，最後得到的認罪自白，就是真相嗎？

本片也有反英雄的嘲諷意味。知名的人權律師，一方面關切醫生的安危；一方面顧慮自己的政治前途，在槍口的威脅下，顯得那麼軟弱無能，違背自己長久以來的信仰和改革理念，助紂為虐。英雄何以在一夕之間變成私刑共犯？

更值得深思的大問題是，威權政府下台、民主政府成立之後，新政權要不要清算舊政權下的罪惡？如何進行，才算正

當？才可以避免「勝利者審判失敗者」的指責？這是許多新興民主國家的共同難題。

南韓審判前總統全斗煥、盧泰愚；南非推翻白人政府以後，成立真相與和解委員會調查人權侵害案件；在近年來民主化的中、南美洲國家，這更是一個熱門話題。

台灣呢？

對二二八事件、白色恐怖、美麗島事件，國內的討論往往只限於政治受難者的補償。然而，當時的情治、警、調人員，甚至戒嚴時代承辦這類案件的軍法官，該不該追究責任？如何讓他們負責？則未見討論。國外的討論，對此一問題則有相互對立的看法。

贊成者主張，如果獨裁、威權政體的共犯不必為其惡行付出代價，難保歷史不會重演。

反對者認為，如果要追究舊政權的責任，舊政權的共犯為求自保，必定做困獸之鬥，政權轉移的對抗鬥爭勢必更為慘烈，可能反而阻礙、延遲了民主化的進程。

二二八與白色恐怖的相關檔案至今尚未完全公布，當年的情治、警、調人員，沒有任何一個受到調查或追究。想想看，這些人這麼多年來如果尚未退休，恐怕多已高升、位居要津，想起來亂恐怖的！

柏楊先生前幾年發表的回憶錄，記載了當年他在調查局受劉展華[1]刑求的經過，引起劉展華先生在《中國時報》投書嚴正駁斥，並聲明保留法律追訴權。事後，柏楊又撰文反駁，事情最後不了了之。真相到底如何？

事隔已久，真相、責任還可能追究嗎？

這部電影涉及真相、正義、人權、民主的多角習題，糾結於現實與理想之間。問題很大、又很複雜，答案呢？

不同的人看這部電影，可以有不同的啟發。辯護律師和人權工作者，可以藉此檢驗自己的信念和意志；法官、檢察官可以藉此虛心思索，自白怎麼來的；幹過刑求的警、調人員可以藉此想像自己被「以其人之道還治其人之身」的恐怖。至於一般觀眾，下次再聽到警方「破案」、「嫌犯自白」的新聞，也許您會稍微存疑。

1. 劉展華曾任調查局副局長，後來在法務部政風司司長一職退休。

02「無盡的控訴」
——兒童性侵害與媒體審判

Indictment — The McMartin Trial

「無盡的控訴」——兒童性侵害與媒體審判

三到六歲的小孩，正處於發展想像力的階段，

這個階段的兒童可以很容易被威脅、誘導，

而說出大人想要的證言。

有什麼方法可以判斷兒童證言是否真實？

這些方法的可靠性又如何？

媒體的新聞自由和被告受公正審判的權利，

如何求取平衡？

檢、警如何在媒體、政治壓力下，

不媚俗、不屈從，嚴守辦案的分際？

片名：**無盡的控訴**（**Indictment－The McMartin Trial**）

導演：米克・傑克森

演員：詹姆斯・伍德

這是根據真實案例所拍的電影，也是這幾年來筆者所看過最好的法庭電影。

故事發生於1983年8月，美國加州曼哈頓海灘市。一位名叫朱蒂．強森的婦女向警方報案，她兩歲半的兒子麥爾坎被幼稚園老師性侵害。

警方著手調查，為了確定有無其他受害者，幼稚園的院童被送到一家知名的受虐兒童中心CII （Children's Institute International）。結果，該中心負責人，號稱擁有十三年經驗，曾經揭發數百件兒童受虐案例的琪．麥佛倫女士宣稱，數年間先後上過這家幼稚園的四百多名兒童，遭到幼稚園老師的性侵害。消息傳出，轟動全美，掀起了美國有史以來最受矚目的兒童性侵害案件。

經營幼稚園的巴奇家庭成員先後被捕，包括創辦人坐輪椅的76歲老祖母維吉尼亞、雷蒙．巴奇、雷蒙的母親（57歲）和姊姊。還有任教於幼稚園的兩個女老師（分別是62歲、60歲）也相繼被捕。

媒體狂熱報導本案以及兒童性侵害問

題，全美各地也不斷傳出類似的新案例，家長群起恐慌，擔心自己的小孩在幼稚園或小學有沒有被老師性騷擾。兒童性侵害成為全美民眾最關心的問題。

巴奇家庭的成員，在看守所被辱罵、傷害，連獄卒、其他人犯都不齒他們的犯行。替他們辯護的律師（詹姆斯．伍德飾）開庭時被法警羞辱、被群眾打倒在地、吐口水。巴奇家庭多年辛苦經營的幼稚園被人多次縱火，只留殘垣片瓦，律師前往查看時，還被人開槍掃射。

這樣一個表面上「一面倒」的鉅案，卻一點一滴露出破綻：

沒有任何醫生可以證明，任何一個「被害兒童」的身體有受到性侵犯的癥狀。

檢方傳訊的「被害兒童」，沒有一個能提供可靠的證言。

有的說被告帶他們去教堂殺動物獻祭；有的說被告帶他們去便利商店玩性遊戲；有的說現場有狼人，種種奇想，不一而足。

好像只有在檢方的誘導詢問下，他們才能說出稍微合理一點的故事。可是，當辯方也用同樣的誘導詢問技巧時，這些兒童又承認，他們只是順著大人要的答案回答。

最好笑的是，其中一名兒童在照片指認時，指認演員羅禮士和一名檢察官是侵害他們的壞蛋，似乎只因為他們倆人長了滿臉大鬍子，看起來像壞人。

號稱兒童受虐專家的琪·麥佛倫，後來被發現既不是心理醫師，也沒有任何專業執照，唯一相關的專業訓練是大學時唸的是社會工作，其專家資格根本就有問題。

她找了一個打工的女孩幫忙她攝影，因為人手不足，乾脆傳授她「治療技巧」，兩人聯手「泡製」了這個轟動全美的案子。

兩個人用幾個布偶，和一台攝影機，對小孩大施「治療」。只要小孩否認有性侵害，她們就說，其他人都說有，你一定搞錯了，一步步威脅、誘導，到最後，所有小孩都順著她們的話說有。而這些過程，卻從她們自己所錄的錄影帶上看得一清二楚。

媒體也發現琪·麥佛倫和首先報導本案的電視記者有染，她自己也因本案聲名大噪，電視節目上不完。她的動機，以及和本案的利害關係，並不尋常。

檢方找了一個雷蒙・巴奇在看守所的牢友出來打小報告，指稱雷蒙在看守所向他坦承如何對小男孩雞姦。結果發現，這位仁兄前科累累，且另有重案待審，檢方似乎和他私下交易，以不起訴為條件，要求他作證指控雷蒙。最後，他也當庭承認自己的話沒有任何信用可言。

最後是當初檢舉本案的朱蒂・強森。後來發現，她酗酒多年，神智可能早就不正常，小男孩麥爾坎也私下向檢方說，對他下手的是與朱蒂離婚多時的生父。檢方一開始就搞錯偵辦的方向了，為了掩飾，檢方竟然對此祕而不宣。

最後，被告雷蒙和母親佩姬，多項罪名被判無罪，其餘十三項罪名，陪審團無法達成一致的決議，所謂的hung jury，審判無效（mistrial）。檢方迫於政治壓力，再度起訴，結果仍同。其他被告，則更早就因罪證不足由檢方主動撤回起訴。

本案到1990年才結案，前後歷時七年，政府為本案總共花費一千五百萬美元，卻沒有一項罪名能夠成立。雷蒙前後被羈押五年，才獲交保，也是加州史上少有的紀錄。

本片採用一些紀錄片手法，使全片更具真實感。演員的表現，真實動人；詹姆斯・伍德演的律師，把許多執業多年的律師都比下去了。對白豈只精彩，有些段落簡直值得傳誦，只可惜中文字幕因譯者不懂美國法，有很多錯譯，糟蹋了許多精彩的對手戲。

本案導致美國法界的許多反省和檢討：

一、兒童證言

1. 美國法原則上不否認兒童的證人能力，只要兒童了解其作證有具實陳述的義務，能判斷什麼是事實、什麼是謊言、什麼又是想像（fantasy）。

我國刑事訴訟法第一百八十六條則規定「證人應命具結」，但「未滿十六歲者」不得令其具結。

「具結」是在法院印製好的結文上簽名，保證作證會「具實陳述，絕無匿、飾、增、減」，如有偽證，應受偽證罪之處罰，性質等於英美法的宣誓。只是因為我國不是基督教盛行的國家，所以不採宗教性的宣誓（對《聖經》宣誓），而用具結。英美對於異教徒，也容許他們用承諾為真實之陳述，稱為affirmation，代替宣誓。

不論宣誓或具結，目的都在擔保證言的真實性，說謊的證人有受偽證處罰的風險。因此，最高法院的判例（三十四年上字第八二四號）曾說，證人未經具結，又無不得令其具結之原因，乃是「違法採證」。

前述刑事訴訟法規定，「未滿十六歲者不得令其具結」，立法理由是認為，未滿十六歲的兒童或少年，年紀尚輕，不能了解具結的意義，所以不讓他們具結。那麼，既要作證，又不具結，他們的證言可信嗎？針對此點，最高法院有判例說：「證人年尚未滿八歲，其所為證言乃無具結能力之人之證言，雖非絕對無證據能力，然其證言是否可信，審理事實之法院，仍應為其他證據之調查，以為取捨之依據。」（六十三年台上字第三五〇一號）。也就是說，未滿十六歲的兒童、少年的證言，還是可以當證據，但是法院「應調查其他證據」，以斟酌取捨兒童、少年的證言，不可輕信。可見，法律對未滿十六歲的兒童、少年的證言，基本上持保留態度。

2.「小孩不會撒這種謊！不會亂說自己被性侵害！」這是檢方的信念，也是成千上萬相信本案有罪的美國人下結論的基本前提。

「三到六歲的小孩，正處於發展想像力的階段，這個階段的兒童可以很容易被威脅、誘導，而說出大人想要的證言。」這是兒童心理學研究的結論。就是這個簡單的道理，創造了美國有史以來最引人注目的兒童性侵害案件。說起來不可思議，卻是本案的最大教訓。

這個階段的兒童，記憶能力如何？認知能力如何？他們能分辨什麼是他們真正認知、記憶所得？什麼又是大人所希望他們相信和回答的呢？

簡單地說，多少三到六歲的小孩真的相信有聖誕老人，只因為大人希望他們相信，他們還認為自己拿過聖誕老人送的聖

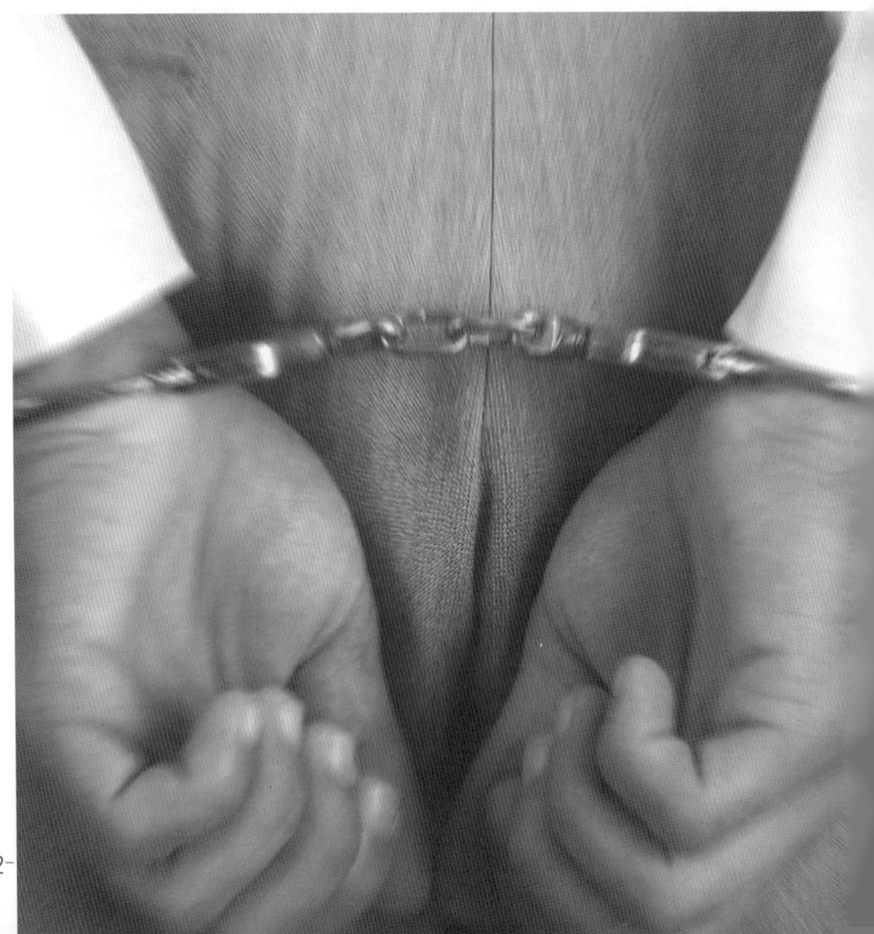

誕禮物呢？

然則，兒童的證言完全不可採信了？如果真有兒童性侵害怎麼辦？

問題在於，有沒有辦法判斷兒童的證言是否真實？用什麼方法？這些方法的可靠性又如何？

這些問題，對國內法界人士可能尚屬新鮮，卻是本案之後，美國法學（尤其是證據法）與心理學最熱門的問題之一。

幾年前，台中地區曾發生駭人聽聞的女童強姦案，歹徒甚至把女童的腸子都拉出來。可是，一審宣判，法官卻判被告無罪，不採信女童的指認，引起軒然大波。從上述兒童證言可信度受到的質疑來看，法官的判決有其道理。

二、媒體審判與檢方違失

本案媒體的大幅報導，使整個案子高度政治化。民眾情緒被煽動起來，已經不再問證據何在，反而形成空前的政治壓力，要求政治、司法體系立刻採取行動。於是，無罪推定不再適用，檢方明知證據不足也只有順應民意起訴。

更過份的，該案檢方可能涉及收買證人、隱瞞有利被告的證據等重大違法、違反職業倫理的行為。

台灣也不讓美國專美於前。重大刑案發生時，國內媒體的表現比起美國的同業，毫不遜色，美國人把媒體稱為「傷口上的蒼蠅」！我國的媒體也被批評為弱智、灑狗血！

媒體的新聞自由和被告受公正審判的權利，如何求取平衡？

檢、警如何在媒體、政治壓力下，不媚俗、不屈從，嚴守辦案的分際？誰來監督他們？

這些是多年的老問題，卻未見新聞界或司法警調機關有深入周延的反省、檢討、改進。

除此之外，本片還有些可讓內行人看門道之處：

律師、檢察官如何調查、準備審判。新進律師、檢察官可以從本片得到寶貴的教訓——什麼錯誤不要犯！尤其是檢察官。

如何交互詢問！詹姆斯·伍德對小孩和專家證人琪·麥佛倫的交互詢問，精彩無比，

是近幾年法庭電影的顛峰之作。尤其對琪·麥佛倫的詰問，從設陷阱、用證人自己的話反駁證人、質疑證人的資格、偏見和利害關係、到修辭的技巧、語調的掌握等，真是可圈可點。有心學習此項技巧的律師和檢察官，可以租影片回家，反覆觀賞。假設自己是檢方或辯方，臨場要如何反應，必可功力大增。

美國的司法體系，在片中也被美國民眾和辯方律師罵說：「爛透了！」對司法的不滿並不限於台灣！本案巴奇家人傾家蕩產、名譽掃地，因為本案而變得一無所有，雷蒙的母親甚至因此精神崩潰。而他們原本只是善良、喜歡小孩的小市民，雷蒙的母親連違規停車的罰單都沒接過，卻蒙此不白之冤，為什麼？誰該負責？她在接受電視節目「六十分鐘」的訪問時說：「在這個國家，當你被指控時，就表示你有罪，只有上帝能幫你！」這種話聽在台灣的刑事辯護律師耳中，感覺何等熟悉！

03「軍官與魔鬼」——違法軍令與交互詰問

A Few Good Men

「軍官與魔鬼」——違法軍令與交互詰問

刑事訴訟法早在民國17年制定時，

就規定被告本人或辯護律師可以直接詰問證人，

不須經過審判長許可。

只是以往法院很少容許律師詰問，

絕大多數律師也不知道積極爭取行使詰問權。

民國92年刑事訴訟法修正，

大幅改良詰問相關規定，

交互詰問制度才開始真正落實。

片名：**軍官與魔鬼（A Few Good Men）**

導演：羅勃・雷納

演員：湯姆・克魯斯

傑克・尼柯遜

黛咪・摩爾

凱文・貝肯

「軍官與魔鬼」是一部典型的法庭電影，根據百老匯的戲劇改編。題材是美國軍中「不當管教致死」的案例。對台灣當過兵的男人來說，並不陌生。尤其近年來，台灣軍中人權問題叢生，本片提供許多發人深省的觀點。

觀賞本片最好的方式，是假想自己是片中湯姆，克魯斯所飾演的辯護律師，如何突破重重難關，在法庭上反敗為勝。新進律師、想當律師、或想唸法律的年輕朋友，可以一邊看一邊自問：「如果是我，我會怎麼做？」比較分析自己和湯姆．克魯斯的處理方式，各有何利弊、優缺點，必可受益良多。

故事發生在古巴關塔那摩灣的美國海軍基地。海軍陸戰隊下士杜信和二等兵鄧尼深夜闖入一等兵威廉的房間，制服威廉，在他口中塞入布條、貼上膠帶，全身綑綁。一小時後，威廉吐血身亡。當地軍醫主任驗屍認定死因是中毒死亡。

杜信和鄧尼被移送到華盛頓接受軍法審判，罪名是：謀殺、共謀意圖謀殺和行為不檢。

設於華盛頓的海軍政風單位調查本案，負責調查的上尉喬安（黛咪．摩爾飾），自動請纓擔任本案的辯護律師；師部卻加派年輕的中尉傑克（湯姆．克魯斯飾）協助。

傑克出身法律世家，父親曾任美國司法部長，以訴訟技巧聞名於世。傑克從哈佛法學院畢業後，入伍擔任海軍軍法審判辯護律師，至今不到一年，手上的案子都以認罪協商的方式結案，一直都沒有機會到法庭正式審判，真正進行辯護。不過，傑克是精明的談判高手，觀察入微、洞燭對手心理，因此常能為當事人爭取到有利的結果，績效頗受好評。

一開始，案情似乎很簡單。調查報告上說，威廉因為體能太差，不能適應部隊訓練，所以到處寫信陳情，請求調職。案發前不久，威廉向海軍調查單位檢舉，下士杜信值勤時違反規定向古巴敵兵開槍，試圖以打小報告為交換條件，請求調職。消息傳回部隊，當晚就發生命案。

結論似乎很清楚，杜信的殺人動機是阻止威廉告密。

傑克只聽了報告大概，就把認罪協商預定的刑期算好了──十二年。理由是：聽說該單位指揮官謝彌敦上校（傑克．尼柯遜飾）即將調升國家安全局，進一步調查會使國安局感到尷尬，所以乾脆認罪，避免進一步調查或公開審判，曝露謝上校指揮監督部隊有任何失職之處。

以謀殺案來說，十二年是很好的條件，傑克頗為自得，就忙著準備師部下週的棒球比賽，做打擊練習。喬安對傑克的態度非常不滿，她提醒傑克，威廉在凌晨一點多宣告死亡，凌晨三點驗屍的軍醫主任還不能判定死因，兩個小時後，卻立刻宣布死因是中毒死亡，顯然有蹊蹺。而且，該部隊有所謂的「紅色紀律」（Code Red）──以私刑做為管教士兵的手段。

杜信、鄧尼否認下毒，聲稱他們看到威廉口部流血，就立刻撕開膠布、叫救護車，可是沒有人可以證明他們有打電話叫救護車。杜信也承認自己有向古巴敵兵開槍，不過那是因為他看到古巴敵兵有動靜才開槍，並無不當。然而，威廉的檢舉信說，敵兵並沒有什麼動靜。

情況並不樂觀，杜信看起來一副軍人氣概，完全不認為自己有錯。他說，對威廉施以「紅色紀律」的目的，是要訓練他，使他知道尊重「紀律」(Code)，不可以越級報告。所謂紀律就是：「隊部、海軍、上帝、國家」(聽起來像不像台灣軍訓課所說的五大信念：主義、領袖、國家、責任、榮譽？)

傑克出發到關塔那摩灣調查前，檢察官（凱文·貝肯飾）主動過來打招呼，傑克向他提到「紅色紀律」，檢察官馬上說，簡中尉（杜信等人的直屬長官）明確下令不得對威廉動手，如果被告願認罪，他同意判十二年（美國刑事訴訟制度，只要檢察官與被告達成協議，雙方可以談判刑期)。

傑克頗感意外，但沒有馬上答應。

到了基地，謝上校、麥修中校和簡中尉很客氣的接待他們，簡中尉帶傑克等人到命案現場，現場保持得很好，床單上滿是烏黑的血跡。衣櫃裡還放著威廉的衣物，軍服一件一件整齊的懸掛在衣架上。

謝上校向傑克等人表示，命案當天，他接到海軍調查單位轉過來的報告（威廉的檢舉信)，就召集麥修中校和簡中尉開會，安排將威廉調職，預定搭最早一班飛機（次日凌晨六時起飛，飛往安德魯空軍基地）離開基地。同時簡中尉也在當天下午四點召集部隊，下令不得對威廉動手。很遺憾飛機起飛前五個小時，威廉已喪命。

喬安發出一連串問題要上校解釋：「威廉喪命當晚凌晨三至五點，謝上校有沒有接見軍醫主任？」「我的部下死了，當然要見軍醫主任，表示關切，有！」「有沒有聽過『紅色紀律』？」「有！」「基地內有沒有實施紅色紀律？」上校火大：「在正式紀錄上，我會說我不鼓勵紅色紀律；但私底下，我會說這是最好的訓練方法，如果在我不知情的情況下執行，那就執行吧！我訓練我的部隊有我的方式，你想調查我，不妨放膽過來！別以為你可以跑到這裡來撒野！」

喬安被上校修理得無話可說，傑克起身時隨口向上校要威廉的調職令副本，以便附卷歸檔，謝上校也把傑克修理一頓，才答應提供副本給他。

傑克等人回到華府後，卻傳出麥修中校失蹤的消息。杜信也首度透露，他和鄧尼是依簡中尉的命令執行「紅色紀律」，教訓威廉。命案當天下午四點，簡中尉召集部隊下令不得對威廉動手，可是二十分鐘後，卻私下命令杜信和鄧尼執行紅色紀律。

傑克和喬安去找檢察官，告知杜信和鄧尼只是奉命行事。檢察官同意將罪名改為過失致死，刑期二年，被告服滿六個月即可假釋出獄。檢方如此大的讓步，是因為師部指示別讓謝上校處於尷尬狀況。

喬安當場拒絕，要求正式審判。檢察官警告他們，如果上法庭，必敗無疑，因為他們沒有證據可以證明被告是奉命行事。

傑克帶著檢方的要約（過失致死，刑期二年，六個月即可假釋）去見被告，滿以為杜信和鄧尼會欣然接受，沒想到卻被斷然拒絕。杜信堅信自己奉命行事沒有錯，如果法院判他們有罪，他甘心受罰；要他妥協，自動認罪，被不名譽撤職，他絕不接受。

傑克氣壞了，決定聲請法院解除委任，如果被告要去送死，那是他們的事，他不管！他向喬安說：「你和杜信都在作夢，我相信什麼並不重要，重要的是我能證明什麼！」

喬安則指責傑克：「你像二手車經紀人一樣滑頭，只挑好辦的案子，你一無是處！」傑克跑到傑佛遜紀念堂附近長考，最後終於決心進行辯護。

他、喬安和另一名同事組成辯護律師團，分工合作，研究死因和相關醫學報告，以查明有無機會反駁「中毒致死」的認定。喬安負責準備鄧尼出庭的證詞（杜信看起來太剛烈，可能不會給陪審團什麼好印象，所以用鄧尼作證），傑克和同事則演練交叉詢問的技巧。

辯護策略如下——辯方要證明：一、紅色紀律在基地是常見的事；二、被告奉命執行紅色紀律；三、當地是前線地區，被告不能對命令質疑。至於檢方所提的犯罪動機、下毒的指控，則要設法反駁。

傑克引述他父親的話說，陪審團審判不只是就法論法，更是責任的歸咎，本案有人受害，就必須有人負責。因此，目標是被告的上級長官。

雖然準備充分，表面上信心滿滿，但私底下傑克知道這個案子完蛋了！

正式審判的法庭戲是本片的高潮。雙方的開場白很清楚地點出本案的爭點：杜信和鄧尼半夜侵入威廉的寢室，在他口中塞布條、綑綁，導致威廉死亡，是雙方不爭的事實。有爭議的是：有無下毒、犯罪動機，以及是否奉命行事。

海軍調查官員證實杜信確有向古巴開槍，威廉寫信越級報告檢舉此事；陸戰隊員也作證簡中尉在案發當天召集部隊說明有人告密，但下令不得碰威廉。

軍醫主任斷定威廉的死因是中毒。傑克運用優異的詰問技巧，質疑軍醫主任只是內科醫師，不是法醫專家。他讓軍醫主任承認：如果動脈有問題，即使放清潔的布在口中，也可能會因窒息導致類似中毒的症狀。

詰問到此，傑克抽出威廉的病歷資料，由軍醫主任親自簽名的報告上記載著威廉正好有這些症狀。於是，傑克質疑，軍醫主任為了掩飾自己的醫療疏失，於是一口咬定威廉是中毒而死。使軍醫主任的證詞因己身利害關係而被打問號。

辯方傳杜信的隊友作證，證明「紅色紀律」在基地是很平常的作法。檢方則拿出海軍規章，要證人翻出「紅色紀律」規定在那裡，證人答不出來；傑克反詰問，就拿同一本規章要證人翻出基地餐廳在哪裡？證人說沒有，傑克說，「那你怎麼知道餐廳在哪裡？」證人回答，「我就跟著大夥兒走就到了。」以此證明規定中沒有，並不表示其不存在，大多數人都是跟著別人聽命行事。

此時，麥修中校突然現身，向傑克坦承謝上校向簡中尉下令對威廉施以「紅色紀律」。他還說，調職令是假的，上校根本無意將威廉調職，是傑克等來調查時，為掩人耳目，才臨時假造的。而且，命案當晚七點就有班機飛離基地，所謂最早一班飛機是次日凌晨六時，根本是騙人的。

傑克大喜。然而，麥修拒絕作證，傑克只有設法調取塔台紀錄，以證明當晚七點就有飛機。

辯方傳訊簡中尉，簡否認部隊中有「紅色紀律」存在。但承認有一次，一士兵偷酒，他下令禁閉一個禮拜，除了水和維他命，不能吃東西。杜信違反他的命令拿東西給士兵吃，因此考績不及格。那麼經此教訓，「如果」簡有下令杜信對威廉施以「紅色紀律」，杜信還敢不服從嗎？這個問題問得很有技巧，目的不在要證人回答，答案已經在問題裡面，只是要把此一訊息傳達給陪審團。

塔台紀錄推翻麥修的說法，當晚並沒有七點飛離基地的班機。麥修說一定是謝上校動用關係竄改紀錄。傑克要求他出庭作證，沒想到麥修卻乘人不備飲彈自盡。辯方至此已彈盡援絕，傑克準備接受敗訴的命運。喬安仍不死心，要傑克傳謝上校出庭，運用詰問技巧逼他認罪。

傑克深思後，決心背水一戰，傳訊謝上校。他調來海軍基地的電話通聯紀錄，並派人到安德魯空軍基地找了兩名塔台工作人員到庭。他的策略是利用謝上校的驕傲心理，困擾他、激怒他，趁其情緒失控時，套出話來。

於是，傑克在高度壓力下對謝上校進行詰問。是全片最精彩的一段。基本上，傑克詰問的問題只有四個：

1.威廉既已奉令調職，預定搭次日凌晨的飛機離開基地，為什麼沒有收拾行李？也沒有打電話通知親友？

2.命案當晚有沒有飛安德魯空軍基地的飛機（等一下會請塔台人員作證）？

3.既然下令部隊不得對威廉動手，又自信下屬會絕對服從，為何要將威廉調職，以免被同僚報復？

4.有無下令假造調職令、更改班機紀錄、威脅軍醫主任？有無下令執行「紅色紀律」？

第四個問題才是重點，前三個只是困擾、激怒謝上校的手法。詰問的高明之處，在於將三個基本問題分解成許多小問題，一步一步，讓謝上校掉入陷阱、自相矛盾。充分掌握證人的心理，扮豬吃老虎，最後謝上校果然情緒失控，承認下令執行「紅色紀律」。

於是，謝當庭被捕。本案被告被控的謀殺、共謀罪名不成立，但「行為不檢」部分罪名成立，被判不名譽撤職。鄧尼不能接受判決結果，他們是奉命行事，為什麼要被撤職？杜信經過審判，慨然地說：「不，我們錯了，我們應該為弱者奮鬥才對！」他向傑克行禮致敬。

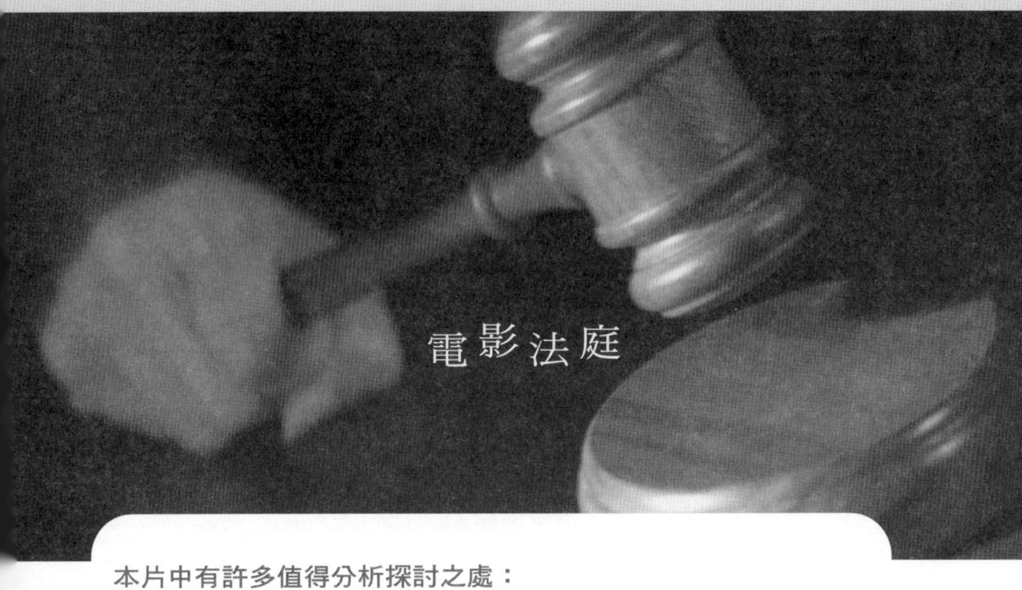

本片中有許多值得分析探討之處：

一、交叉詢問

交叉詢問是英美訴訟律師的獨門絕技，片中傑克對軍醫主任的詰問，事先必定充分研究過相關醫學知識，也調閱死者威廉的全部病歷，才能在詰問時一擊中的。對簡中尉的詰問也是如此，事先充分準備，詰問的每個問題看得出來都是精心設計過的，才有那麼漂亮的演出。

至於對謝上校的詰問，可以說是最難的一種。因為對軍醫主任可以攻擊其專業資格、與本案的利害關係；對簡上尉可以曝露其之前管教不當的紀錄、對服從命令的嚴格要求。但是對謝上校的詰問，卻可以說是要「無中生有」。

傑克找來塔台人員坐在旁聽席，目的只是唬人；他的詰問方式雖然極盡巧妙之能事，如果上校不掉入陷阱，講話保留一點，不要情緒失控，傑克可能會一敗塗地，可見傑克走的是險棋。而且冒著被嚴厲懲處的風險進行，更覺難能可貴。

國內律師很少詰問證人，筆者初任律師之時，每次開庭就順便到各法庭旁聽，想一睹律師詰問的風采，可惜每次都失望而歸。

刑事訴訟法早在民國17年制定時，就規定被告本人或辯護律師可以直接詰問證人，不須經過審判長許可。只是以往法院很少容許律師詰問，絕大多數律師也不知道積極爭取行使詰問權。筆者從民國87年開始積極推動交互詰問，譯介美國相關文獻、法規，並草擬詰問規則草案等，民國92年刑事訴訟法修正，大幅改良詰問相關規定，檢察官也開始全程參與審判舉證、論告、言詞辯論，交互詰問制度才開始真正落實。

筆者辦案曾多次行使詰問權，不管是攻擊或引導證人，效果都相當良好。

有些律師在審判長訊問後，問律師：「對證人所言有何意見？」就站起來慷慨陳詞，演說一番。這種作法，效果如何是很可疑的，如果證人證詞有疑點或不可信，比較有效的方式應該是直接質疑證人，讓證人的不安、不確定感或偏見等，透過其言詞、表情流露出來。

不過，詰問是一門專門技巧，事先要充分準備，詰問也要有方法、有技巧，漫無目的或不得其法的詰問，不僅惹惱法官，也對訴訟沒有幫助。

二、公設辯護

片中傑克是海軍內部的公設辯護律師。美國軍事審判制度，提供每名被告免費的公設辯護律師，辯護律師可以到全球各地蒐集證據（片中他們從華府飛到古巴基地調查）。美國軍法審判的公設辯護律師雖設於軍中，但完全獨立，不受部隊指揮監督體系的節制，所以片中傑克等人才能不受任何干涉，盡力辯護。

而且，他們雖是公設辯護律師，不向被告收取任何費用，卻能深入調查、盡力舉證，真正做到實質辯護。

國內也有公設辯護人制度。司法院頒布的「公設辯護人管理規則」第八條規定，公設辯護人接辦案件後，應：「

1. 調閱卷宗及證物，詳研案情，積極、忠實為被告之利益蒐集事證。

2. 必須親自接見被告一次以上，探求事實真相，如有必要時，並得親赴犯罪地或其他有關處所蒐集有利於被告之證據。

3. 於接受法院關於訊問期日之通知時，應到庭陳述意見，並行使詰問權，如發現有利於被告之事證，並應提出準備書狀，聲請法院調查證據、訊問證人、鑑定人。

4. 應善盡職責，撰寫辯護書狀。」

規定固然很完備，然以往因人力、資源不足，根本做不到。有的案件事先連被告也沒接見，就上場辯護，更遑論詰問證人或親赴現場、調查證據。據說，以前高等法院的公設辯護人每月分到的案件量有一百多件，想不通他們要如何辦案？恐怕常常流於穿法袍在各法庭間趕場唸稿而已！

片中杜信、鄧尼有傑克辯護，還差點被以謀殺罪名定罪；我國請不起律師的重罪被告，命運交在公設辯護人手上，下場又如何呢？

2004年法律扶助基金會成立後，讓無力負擔訴訟費用及律師報酬的人民多了一個選擇，可以透過法扶基金會，聘請執業

律師辯護，費用由基金會負擔。法院的公設辯護人也因案件量減輕，可以投入較多心力到個別案件，比起以往的情況，已經改善很多。

三、奉命行事

「奉命行事」不能做為抗辯事由，這是二次大戰後紐倫堡大審和東京審判所確立的原則。納粹、日本軍閥都不能藉口「奉命行事」而獲判無罪。

片中杜信和鄧尼最後被判謀殺和共謀罪名不成立，陪審團應是認定他們沒有下毒、沒有殺人動機，確是奉命行事，威廉的死應是本身動脈疾病所造成，不能歸咎被告。

不過，「奉命執行紅色紀律」仍是違法的行為，所以成立「行為不檢」的罪名，而被判不名譽撤職。

我國刑法第二十一條第二項規定：「依所屬上級公務員命令之職務上行為，不罰。但明知命令違法者不在此限。」也是根據同樣的法理——奉命行事，如果明知命令違法，仍要負刑責。

問題是，軍中這種「軍令如山」的地方，長官命令用動私刑的方式管教士兵，即使明知命令違法，有人敢違抗命令嗎？士兵真有選擇的餘地嗎？當過兵的人都知道，答案不只是「很難」，簡直是「不可能的期待」。

所以，長官可以不必自己動手，出了事再往下一推，叫下面扛責任，自己把責任推個乾淨。就像片中的謝上校、簡中尉。

法律最終是利害的權衡。如果明知命令違法仍舊奉命行事，可以安然無事，那麼任何下屬都可以有恃無恐，結果就是納粹式的盲目服從，視人命如草芥。因此，兩害相權，即使在軍中，奉命行事也不能免責，頂多可以做為減輕刑責的事由。

四、啟蒙

片中傑克面臨兩個嚴重的考驗：

1. 明明認為必敗，要不要為被告辯護？

2. 要不要冒險詰問謝上校？

這兩個考驗，都涉及他的能力、智慧、技巧和判斷，尤其他本來可以接受極好的認罪協商條件，卻放棄協商而決定接受挑戰，全力以赴，最後也僥倖成功。

片中最後一幕，他回顧法庭，這是他第一個案子，充滿試煉和挑戰，也激發他無比的潛力，打破原有的成見，確實是具有啟蒙意義的一役。其中滋味，難以言喻。

04「情色風暴 1997」
——色情刊物的言論自由

The People vs.
Larry Flynt
「情色風暴 1997」——色情刊物的言論自由

對公眾人物的嚴厲攻擊是美國政治傳統的一部分，

華盛頓、林肯、羅斯福等偉人都曾是漫畫家筆下

誇大、扭曲、嘲弄的對象，

如果因此要負擔賠償責任，

結果必然產生寒蟬效應，扼殺言論自由。

《好色客》雜誌的作法固然低俗下流，

但這是品味的問題，

性質上和一般政治漫畫或諷刺文章並無不同，

法律上無法以品味高低做為有無法律責任的標準。

片名：**情色風暴1997（The People vs. Larry Flynt）**

導演：米洛斯．福曼（曾因「飛越杜鵑窩」與「阿瑪迪斯」兩度獲得奧斯卡最佳導演）

演員：伍迪．哈里遜

愛德華．諾頓

本片的海報幽默地點出全片的主題，男主角擺出釘在十字架上的姿勢，釘掛在美女身上的三角地帶，身上穿著美國國旗圖案的短褲——這是一個為色情刊物爭取言論自由的故事，主角是色情刊物的殉道者。

英文片名The People vs. Larry Flynt（人民對賴利．弗林特），擺明本片是對賴利．弗林特一生的審判。本片不僅真實呈現賴利．弗林特悲歡交集的一生，也是其面對所有譴責雄偉的答辯。

賴利．弗林特何許人也？他是美國著名的色情雜誌《好色客》（Hustler）的創辦人，原本在俄亥俄州經營一家脫衣舞酒吧，生意清淡。有一天他翻閱《花花公子》雜誌時，發現裡頭的文章狗屁不通，盡是一些教人如何調雞尾酒、如何安裝音響的文章，色情圖片也是遮遮掩掩。

他突發奇想，這份雜誌發行量有七百多萬份，卻沒人在讀裡面的文章，明明是在愚弄大眾。而且，文章設定的讀者對象，顯然是中高收入的人士，難道年收入不到兩萬美元，就不會×××嗎？

於是，他創辦《好色客》雜誌，內容完全以真刀真槍的色情圖片為主，絕不含糊遮掩。設定讀者群是藍領大眾，品味低俗，但真實呈現，不像《花花公子》那麼偽善。結果一砲而紅！賴利．弗林特出版集團（LFP）在短時間內成為資產龐大的企業王國。

這種公然挑戰社會道德尺度的刊物，當然引起美國主流清教徒社會的反彈，於是，衛道之士群起而攻之，甚至運用刑事手段，指控他所為是「組織犯罪」，可處七至二十五年的徒刑。

這種罪名實在太離譜了！殺人罪也不致於判那麼重，何況他只是出版色情刊物！於是，他聘請了哈佛法學院畢業的艾倫．亞瑟曼（愛德華．諾頓飾）為他辯護，開啟了他為言論自由奮鬥的生涯。

賴利．弗林特擔負敗壞美國社會風氣的罪名，本片以兩條路線進行辯護——賴利的人生傳記和言論自由。

賴利從小在肯塔基州的樹林中長大，家境貧寒，靠自己釀私酒賣錢維生，這種出身背景，自然談不上什麼教養。

他靠《好色客》雜誌大賺其錢，還登出甘迺迪遺孀賈桂琳被人偷拍的裸照。可是連州長也跑去買他的雜誌，甚至在電視訪問中侃侃而談、面不改色，可見好色、窺人隱私本來就是人性的一部分，如果不是有這樣的人性、這樣的社會，他怎麼可能如此成功？所以，該歸咎的是他，還是社會本身？

賴利不是個簡單的色情販子，他有見解、有想法。在片中精彩的一場言論自由大會中，他發表演說：「謀殺是不合法的，如果你拍了一張殺人的照片，卻是合法的，可以登在《新聞週刊》上，搞不好還可得到普立茲獎；性是合法的，每個人都在做，每個人都想做，可是如果你拍了一張性愛的照片，卻要因此而坐牢！」「基督徒怪罪我把胸部和性器官拍成照片，說這是可憎的！嘿，別怪我，怪這些產品的製造人（指上帝）吧！」

他的思想並非一成不變。他曾接受卡特總統的姐姐露絲·卡特的傳教，而受洗為基督徒。因而嘗試改變雜誌風格，以一種自然、宗教的氣息來表現性，卻在銷售上慘敗。誠如片中他的妻子所說：「沒有人會想把宗教和性混在一起！」

他的大膽作風不僅引來法律訴訟，還在一次出庭後慘遭刺殺，雖然沒有喪命，卻導致下身癱瘓，餘生要在輪椅上度過。

為了止痛，他染上毒癮，但在一次手術後斷然戒毒，可見其驚人的意志力。不幸，他摯愛的妻子隨他染上毒癮，最後更得了愛滋病而亡故，留下無盡的哀傷。

下身癱瘓的賴利，性格日益乖戾，他認定美國政府和社會體制應為他的被刺負責。他有錢，他要用他的財力來反抗、報復，揭發政府的腐化、社會的偽善，並陰錯陽差因此創下美國言論自由史上著名的判例。從這個角度看，他是一個唐·吉訶德式的鬥士，愚昧而可敬。

綜觀其一生，算是個悲劇人物。如果說他要為敗壞美國社會風氣負責，可是他遭受過度、無情的法律追訴、下半身被刺殺癱瘓、不得已染上毒癮、妻子也因此得病早逝，社會、人生對他的制裁也未免太殘酷了。觀眾的觀後感，應該是同情多過譴責。

不過，本片在美國上映時，曾引起女性主義者抨擊，認為該片觀點一面倒地歌頌言論自由，卻忽略色情刊物對女性身體的剝削，有失平衡。

本片中，伍迪・哈里遜的演技縱橫全場，雄辯滔滔。米洛斯・福曼是捷克名導演，作品風格華麗動人，曾拍過莫札特的傳記電影「阿瑪迪斯」，備受影迷喜愛。本片的表現方式也是出神入化，令人驚嘆。他是唯一可以拍音樂神童和色情販子這樣南轅北轍的傳記電影，卻一樣精彩的導演。他因本片榮獲柏林影展金熊獎。

電影法庭

本片中值得注意的三個主要法律訴訟：

第一個是他被控販賣猥褻物品，並且以「組織犯罪」的罪名起訴。

律師艾倫嘗試提出《花花公子》、《閣樓》等雜誌，證明《好色客》雜誌的內容與其他這些雜誌並無不同，檢方只起訴《好色客》，是明顯的「選擇性辦案」（selective prosecution），違反美國憲法上平等的法律保障條款（equal protection of the law）。法官卻斷然駁回其主張。

賴利作證時雖然提出有力的辯白，最後仍被判有罪。法官在決定刑期前，問他最後有何話說，他答得很妙：「法官大人，你在審判過程中沒有做過一件聰明的裁決，我也不指望你現在有什麼明智的判決，所以，悉聽尊便！」法官憤而判他最高的二十五年徒刑。

片中飾演法官的不折不扣就是賴利·弗林特本人，本人審判自己，嘲弄法官的同時也嘲弄自己，這種安排真是妙透了。

這件離譜的判決，把出版黃色刊物當成「組織犯罪」，最後還是被上訴法院撤銷。

第二個是有關狄羅倫（Delorean）的著名案件。背景是在1984年，著名的美國富豪狄羅倫，因財務狀況出問題，一時財迷心竅，想要靠販毒大賺一票，沒想到出售毒品的是聯邦調查局的幹員，他被設計了。於是被捕，並以買賣毒品的罪名起訴。

本案在美國轟動一時，因為賴利不曉得怎麼弄到一捲錄影帶，內容是狄羅倫向聯邦調查局幹員買毒品的過程，交給哥倫比亞電視台（CBS）公開播出。結果，狄羅倫被判無罪，理由是，他是被聯邦調查局陷害。

這在美國法上稱為entrapment（陷害教唆），可做為抗辯事由。其背後的理論根據是程序正義，被告犯罪固然不對，但如果被告原本無意犯罪，警方先慫恿他犯罪，再伺機逮捕，那麼這是警方一手製造出來的犯罪和犯人，違反程序正義。如果警方可以這麼做，那麼社會上人人自危，誰也不知道自己何時會被警方陷害。

不過，在此要提醒讀者，這是美國法的規定，我國法並不承認前述「選擇性辦案」或「陷害」可以做為抗辯事由。

片中，賴利公布錄影帶後，引起軒然大波，聯邦調查局主張這是他們監視毒品交易過程所拍的，是犯罪證據，也是政府的財產，卻被人偷走，因此是贓物；哥倫比亞電視台主張該錄影帶有高度新聞價值，受憲法上言論出版自由的保障；狄羅倫的律師則主張錄影帶公布以後，被告就不能得到公正的審判，因為未來的陪審員看過錄影帶，先入為主，不可能再推定被告無罪，三方爭執不下。

法官決定以證人身分傳訊賴利，要他說出錄影帶的來源。賴利在法庭上大鬧，就是不肯交代來源。法官判他藐視法庭，先是罰金一萬美元，為制止他大鬧法庭，命人將他綁住，嘴巴貼上膠布，最後甚至強制他關入精神病院十幾個月。由此可見美國法官強制證人作證權力之大。

不過，賴利拒絕交代新聞來源，並非全無理由。一般國民固然有作證的義務，但近年美國許多州先後明文立法規定，記者在法庭作證可以拒絕透露新聞來源。因為，記者採訪過程往往會向採訪對象承諾不透露他們的身分或消息來源，以免危及其工作或生活。如果強迫記者作證，就沒有人敢洩漏消息給記者，從而許多政府腐化貪瀆的重大新聞就不會被揭發。因此，承認一定條件下，記者有就新聞來源保密的特權，是保障新聞自由重要的一環。

許多美國記者為了維護新聞自由，寧可坐牢也拒絕透露新聞來源，寫下新聞自由史上光榮的紀錄。賴利・弗林特也是其中之一。國內則似乎尚未出現過這種案例。

第三個案例是法威爾牧師告《好色客》雜誌一案（Hustler Magazine v. Falwell, 1988）。這是美國言論自由史上的名案，其重要性可媲美紐約時報對蘇利文案（New York Times Co. v. Sullivan, 1964）。

法威爾牧師是美國保守派的代言人，《好色客》雜誌卻登了一篇虛擬專訪，其中法威爾牧師大談他的「第一次」——和母親亂倫在馬廄裡成其好事。法威爾牧師憤而起訴主張「誹謗」和「故意造成心理傷害」（intentional infliction of emotional distress）的侵權行為，要求高額賠償。

陪審團的判決很有意思。他們認定，專訪的內容是虛構的，沒有人會認為專訪的內容是事實陳述，所以不成立誹謗（因為誹謗的要件必須是「事實的陳述」才能成立）。但是，他們認定該專訪成立「故意造成心理傷害」，應賠償二十萬美元。

《好色客》雜誌一路上訴到美國最高法院，沒想到《紐約時報》、美國報業協會、美國漫畫家協會等聯名為賴利聲援。一場號稱神魔之戰，牧師對色情販子的訴訟堂堂搬上最高法院。

本片找了幾個酷似最高法院大法官的演員扮演大法官，看了讓人忍俊不禁。

美國最高法院的開庭氣氛，素以輕鬆自然著稱。但大法官們個個經驗豐富、法理精通，問起案子詞鋒犀利、直指核心，使律師難以招架，片中律師艾倫也抵擋不住，結結巴巴，勉強把論點發揮完畢。

最高法院最後以八對〇票一致判決《好色客》雜誌勝訴。理由是，對公眾人物的嚴厲攻擊是美國政治傳統的一部分，華盛頓、林肯、羅斯福等偉人都曾是漫畫家筆下誇大、扭曲、嘲弄的對象，如果因此要負擔賠償責任，結果必然產生寒蟬效應，扼殺言論自由。這正是《紐約時報》等報業聲援《好色客》雜誌的原因。

《好色客》雜誌的作法固然低俗下流，但這是品味的問題，性質上和一般政治漫畫或諷刺文章並無不同，法律上無法以品味高低做為有無法律責任的標準。

因此，最高法院決定適用紐約時報一案所確立的標準。公眾人物以「故意造成心理傷害」為由請求賠償時，除非言論的內容含有「錯誤的事實陳述」，而且是出於「真實惡意」（actual malice），否則不負賠償之責。

本案既然陪審團認定，沒有人會認為專訪的內容是事實陳述，就不成立賠償責任。

賴利在片尾說得好：「連我這樣的下三濫也受言論自由的保障，因為我是最糟糕的，何況其他人！」

幾年前轟動一時的「香爐風波」鬧得正厲害時，當事人陳文茜揚言，只要李昂敢將《北港香爐人人插》出版或拍電影，一定告她！當時，筆者曾撰文評論（《中國時報》，86.8.17時論廣場，收錄於筆者著「最好與最壞的時代——當代司法與人權評論」)，引介本片中法威爾牧師對《好色客》雜誌乙案，勸告陳文茜三思而後訟。後來陳文茜也真的沒有提起訴訟，不曉得是否受筆者該文的影響。

「香爐風波」一案的性質，和本片好色客雜誌案很像。《北港香爐人人插》是小說，小說的內容是虛構，還是「事實陳述」呢？

國內近年有關言論自由的訟案不斷，例如：國安局長殷宗文控告自立報系誹謗案、《自由時報》告《天下雜誌》、《商業周刊》被蔡兆陽、賴國洲控告妨害名譽等。部分地方法院判決也逐漸擴大言論自由、新聞自由的保障範圍，甚至明白引用《紐約時報》乙案的標準，確是可喜的現象。

禁止猥褻出版品，無可避免涉及憲法保障的言論自由。美國最高法院判例明確表示，猥褻出版品不在言論自由的保障範圍。但真正的難題在於如何認定「猥褻」(obscenity)？尤其在文學、藝術作品中早已充斥對性的描寫的現代，藝術與色情怎麼可能一刀劃分？

國內也曾有出版商針對新聞局就出版法禁止「妨害風化」出版品的行政函釋，聲請釋憲。大法官釋字第四〇七號解釋雖然認定該法規函釋不違憲，但也強調：「猥褻出版品與藝術性、醫學性、教育性等出版品之區別，應就出版品整體之特性及其目的而為觀察，並依當時之社會一般觀念定之。又有關風化之觀念，常隨社會發展、風俗變異而有所不同，主管機關所為釋示，自不能一成不變，應基於尊重憲法保障人民言論出版自由之本旨，兼顧善良風俗及青少年身心健康之維護，隨時檢討改進。」問題是在多元多變的後現代社會，什麼是「社會一般觀念」？真的有這種標準存在嗎？

美國聯邦最高法院大法官對何謂猥褻，也各有不同見解。有的大法官認為，應以會不會拿給自己未成年的孫女看為標準；有的大法官主張，以看了下體會不會升旗敬禮為標準；還有大法官表示：我沒有辦法定義什麼是猥褻，但是我一看就知道算不算猥褻！

這個爭議恐怕注定永無定論。有位台北地院法官就曾判過《閣樓》雜誌不構成猥褻，他私下開玩笑說：「（閣樓）不夠精彩！」

05「紅色角落」——共產主義的司法

Red Corner

「紅色角落」——共產主義的司法

好萊塢眼中「紅色中國」的刑事審判制度：

一個美國律師在中國陷入卡夫卡式的荒謬審判情節，

孤立無助面對看起來是一國的法官、檢察官、法院職員；

等到開庭之前完全沒見過面的公設辯護律師好不容易出現，

卻逕自宣稱，

雖然她當天才受司法部指派承辦本案，

但完全了解案情，

提出被告承認有罪的答辯！

片名：**紅色角落** （**Red Corner**）

導演：強・亞尼

主演：李察・吉爾

白靈

孟廣美

本系列法律影評自推出以來，頗受讀者支持、鼓勵。日前，學望俱為法界推重的板橋地院黃文圞院長來電，向筆者探詢何處可買到本系列影評引介的電影錄影帶？黃院長一向關心院內法官，在繁重的辦案工作之餘，也能有適度的休閒、放鬆。因此希望蒐集一些精彩的法律電影錄影帶，放在法官研究室供法官觀賞。這份心意，令人意外而感動。

猶記數年前，筆者在司法官訓練所接受律師職前訓練時。我是實施律師職前訓練後第一屆受訓的學員，當時由法務部主辦，集中受訓地點在司法官訓練所（現已改由律師公會主辦，地點也改在台北律師公會），台上是道貌岸然的最高法院院長在講課，台下的實習律師則交相傳閱日本漫畫「東京愛情故事」。

時代變了！傳統權威性、教條式的「訓練」，已經行不通了。新人類也當起法官、檢察官、律師了，他們要的是有說服力、有吸引力的素材。

期望關心司法改革的團體能幫忙蒐集一些法律電影的影片，分贈各地法院、檢察署。或許，其中一部冤獄電影會擊碎某個法官、檢察官腦袋裡的水泥，比多少長篇大論的狀子都有用。您認為呢？

言歸正傳。最近，「台商間諜案」、「高雄市議員林滴娟命案」備受各界關注，因此，特選這部描寫大陸刑事審判制度的影片「紅色角落」，以增進讀者對大陸法制的理解。

本片一半是希區考克式的驚悚冒險故事，一半是法庭通俗劇。

美國律師傑克・摩爾（李察・吉爾飾）代表一家美商麥氏通訊公司，到北京與中國政府商談一筆價值數百萬美元的衛星通信生意。交易完成前夕，傑克帶了一名初識的當地模特兒洪玲（台灣名模孟廣美飾）回旅館，兩人喝得爛醉，一夜風流。次日清晨，洪玲卻慘死在旅館房裡，傑克身上沾滿洪玲的鮮血，凶刀上也滿是傑克的指紋。傑克從雲端跌落谷底，被羈押候審，沒有人相信他是無辜的。

在中國大陸「坦白從寬，抗拒從嚴」的法律觀念下，否認犯罪，必然被判死刑槍決。傑克只有靠中國大陸的司法能否公正審判，救他一命。可是，一開始他卻陷入卡夫卡式的荒謬審判情節。

他在偵訊時被打；正式審判開庭時被關在一個小木柵欄內，手上還帶著手銬；法庭內審判長穿著軍裝，威風十足；他一個外國人，面對看起來是一國的法官、檢察官、法院職員，孤立無助；等到開庭之前完全沒見過面的公設辯護律師沈玉玲（白靈飾）好不容易出現，卻宣稱：雖然當天才受司法部指派承辦本案，但完全了解案情，提出被告承認有罪的答辯！

傑克要求改為無罪答辯，卻被沈玉玲拒絕。她強調本案事證明確，無罪答辯會激怒法院，傑克會被判死刑，執行槍決的子彈費用還要由傑克家屬負擔。唯一辦法是認罪，嘗試以酒醉、心神喪失抗辯，請求法院從輕量刑，或許可免一死。

傑克要說服法院之前，要先說服自己的辯護律師，情況糟透了！如果是你，你要怎麼辦？

傑克自己研讀中國大陸法律，在法庭上要求自行詰問證人。審判長雖然不悅，仍予准許，詰問結果卻被檢察官嘲笑，使他在法庭上像個傻瓜。

劇情慢慢往好處發展。沈律師調出案發當晚的服裝表演錄影帶，證實洪玲當天確實戴著一個金鎖，傑克說得沒錯，可是現場卻找不到，本案開始出現疑點。

沈律師又調出傑克昏睡中被捕時所穿的衣服，發現上有濃重的麻醉劑氯仿，證明他是被迷倒的，案發當場應有第三者，才是殺人真凶，嫁禍於傑克。於是決定變更辯護策略為無罪答辯。

洪玲死前打了一通大哥大電話，收話號碼也是大哥大，可是該大哥大在電話局的通聯紀錄卻被銷除，可見話機所有人的來頭不小。

沈律師最後透過其他管道，查出該大哥大是廣播電視部部長所有，並調出通聯紀錄。結尾的法庭戲相當戲劇化，傑克與沈律師二人聯手詰問，兩名凶手當庭互咬，透露出真相——

原來，林部長之子林丹私下與德商好福科通訊公司勾結，為搶奪衛星通信生意，安排洪玲與傑克相會。原本計畫藉機拍照公布，利用保守勢力，使美商麥氏通訊公司退出交易。沒想到洪玲與傑克情投意合，拒絕配合。林丹原為洪之情人，氣憤之下，派人殺死洪玲，並嫁禍於傑克。麥氏通訊果然因此不得不退出交易，而由好福科公司奪下該筆生意。

通俗劇的結局是——傑克無罪開釋，林丹當庭被洪玲之父洪將軍開槍擊斃。傑克與沈律師在機場離情依依，傑克邀沈玉玲到美國，沈拒絕，決心留在國內改革制度。這是好萊塢片典型的感傷結局，別太苛求。

片中，代表西方、資本主義的傑克與代表中國、社會主義的沈律師，針對美、中法制的優缺點，有幾次有趣的爭辯。本片的台詞太過西化，不真實。有幾幕戲用面子觀念來解釋中國人的言行，也顯得過於僵化、幼稚。台灣第一名模孟廣美首度登陸好萊塢，與李察．吉爾合演本片，國內影劇版為此大書特書。其實，洪玲一角出場不到五分鐘就被殺死，是個不知所云的角色，說不上什麼演技。比起布袋戲老師傅李天祿和「愛情萬歲」一片的李康生，在坎城影展以令人耳目一新的演出，大放異彩，豈可同日而語？

電影法庭

本片有許多值得分析探討之處：

本片有趣之處，是可以看看好萊塢眼中「紅色中國」的刑事審判制度。不過，在此要提醒讀者，電影與現實難免有差距，何況是美國人拍攝其想像中的社會主義中國。好萊塢的編導也許下了一些考證功夫，但仍舊避免不了嚴重的失誤。失誤之處，可能醜化、或美化了大陸的司法。

近年來，中國大陸銳意進行法律改革，腳步迅速。筆者留美期間曾與數位大陸學人交談，得知大陸有一批人在推動刑事法的改革，頗受當局重視。中國大陸近年大幅修正其刑法、刑事訴訟法及律師法，已於1997年開始施行。以大陸沈重的意識形態包袱及困難的現實條件（如法律人才嚴重不足），能有如此大幅度的變動，確實不簡單。

片中所描繪的一些現象，新法均已改廢，例如：

1. 死刑槍決，不再公開示眾。刑事訴訟法第二一二條第五項規定：「執行死刑應當公布，不應示眾。」死刑犯親屬要支付彈藥費（通常是人民幣一元至二・五元）的成例，也很少見了。

2. 無罪推定：刑事訴訟法第十二條明文規定：「未經人民法院依法判決，對任何人都不得確定有罪。」這是中國大陸明文承認國際公認的「無罪推定原則」，也是這次刑事訴訟法修正的重大成就。頗令他們感到自豪。

3. 選任辯護人的時期：舊法原規定，審判中才能聘請律師，偵查中則不行。新法則規定：「犯罪嫌疑人在被偵查機關第一次訊問後或者採取強制措施（如逮捕、拘留或羈押）之日起，可以聘請律師為其提供法律諮詢、代理申訴、控告。」（第九十六條）。也就是說，偵查中就可以聘請律師。

片中，沈玉玲開庭當日才受指派擔任本案辯護律師，事先完全沒見過被告。在新法施行後，犯罪嫌疑人在偵查中即可聘請律師協助。

不過，如果被告沒有能力請律師，在特定條件下（如盲、聾、啞或未成年人或經濟困難，以及可能判死刑之案件），雖然人民法院應為他們指定辯護律師（第三十四條）。但是，指定辯護只限於進入審判階段後，不包括偵查中。

這一點，和我國的規定一樣。我國刑事訴訟法第三十一條所規定的「指定辯護」，也是限於「審判中」才有，頗受詬病。而且，我國公設辯護制度因為人力嚴重不足，成效不彰，公設辯護人開庭前沒見過被告的，所在多有，比中國大陸絕不遜色。

為此，立法院於2003年12月通過「法律扶助法」，2004年設立法律扶助基金會，對於無資力，或因其他原因，無法受到法律適當保護者，提供必要之法律扶助。

4. 交保：片中，沈玉玲用自己的律師生涯作擔保，讓傑克交保。結果傑克誤以為是用保證金交保，而逃入美國大使館。沈至大使館與傑克會面，演出一場感人的戲。這其實是舊法時期的規定，舊法「取保候審」原只限於用「保證人」作保，新法為「配合市場經濟」需要，增加「保證金」之方式具保（第五十三條）。

這一點和我國的規定、實務比較起來，相當有趣。我國刑事訴訟法第一百十一條規定的交保，原則上只要按指定金額提出保證書即可，不必繳納保證金。例外情形，如果願繳納指定之保證金額，則免提出保證書。繳納保證金，也可以用有價證券（如支票）代替現金。

我國實務卻與刑事訴訟法規定相反，例外變成原則，不但「認錢不認人」，而且原則上只收現金。比較起來，大陸舊法的規定，只許用保證人作保，不接受保證金，即「認人不認錢」，哪一種較合理呢？大陸新法承認「保證金」，是不是一種進步呢？

也許，這只是反映了市場經濟體制下，人際信用的淡薄，無所謂好壞。

附帶一提，依中國大陸刑訴第一〇四條：「對於死因不明的屍體，公安機關有權決定解剖，並且通知死者家屬到場。」這是各國行使刑事司法權的通例，以查明死因，才能在審判時充分有效舉證，毋枉毋縱。「林滴娟命案」亦不例外。至於「台商間諜案」，依其刑訴第一五二條但書規定：「但是有關國家祕密或者個人隱私的案件，不公開審理。」間諜案勢必涉及「國家機密」，因此不公開審理，這種規定，各國都有，我國法院組織法也有類似規定（第八十六條）。

當然，法律和實務常有落差。不過，法律和實務有落差，各國均然，只有程度之別。我國也不例外。以我國刑事訴訟法而論，隨便舉例，刑訴第一六一條規定：「檢察官就被告犯罪事實，有舉證責任」。在交互詰問制度實施前，又有哪個檢察官真的盡到蒞庭舉證的職責了呢？

本片還有以下幾個值得注意的重點：

一、翻譯

片中，審判全程有同步翻譯，使被告傑克了解審理情形，令人驚訝。

筆者在美國曾看過被告為西班牙裔而不通英語時，法院為其指定同步翻譯。所謂翻譯，不只是被告受訊問時，由翻譯人員代為翻譯問答內容；而且在審判全程，翻譯人員坐在被告旁同步翻譯審理過程中每位訴訟參與者（包括法官、律師、證人等）的發言內容，使被告充分了解審判情形。翻譯人員的費用，則完全由政府負擔，成本相當可觀。

這是美國憲法上「正當法律程序」的要求，只有被告充分了解審判過程，才能有效地與律師商討案情，準備、進行答辯。

片中，北京人民法院還有同步翻譯設備，比筆者在美國西雅圖地方法院看到的還要進步。儘管大陸的翻譯人才多而且水準相當高，令人懷疑其法院真有這種水準。

基於程序正義和被告受公正審判的權利，翻譯是很重要的一環。任何多民族、多語言的國家，都必須在司法程序中照顧到少數族裔的語言權，這也是平等原則的要求。因此，中國大陸刑事訴訟法規定：「各民族公民都有用本民族語言文字進行訴訟的權利。人民法院、人民檢察院和公安機關對於不通曉當地用的語言文字的訴訟參與人，應當為他們翻譯。在少數民族聚居或者多民族雜居的地區，應當用當地通用的語言進行審訊，用當地通用的文字發布判決書、布告和其他文件。」（第九條）

如此進步的立法！令人不禁感到汗顏。我國法院組織法第九十七條規定：「法院為審判時，應用國語。」不承認少數族裔的語言權。同法第九十八條規定：「訴訟當事人、證人、鑑定人及其他有關係之人，如有不通國語者，由通譯傳譯之，其為聾啞之人亦同。」實務上，法院也很少切實遵循這條規定。高等法院常看到不通台語的法官和不通國語的年老被告雞同鴨講，法官一副不耐煩的樣子；真有通譯時，也沒有完整、忠實地翻譯問答內容，令人對採證品質感到懷疑。

實務上更有原住民堅持以母語應訊，引起法院不滿，當庭斥責。可見，即使是深受公平正義訓練的法官，也免不了漢族中心的語言霸權心態。

二、法庭席位及被告外表

片中，開庭時被告被關在法庭正中的木柵裡，手上還帶著手銬，這是牴觸無罪推定的作法。

被告不但法律上受無罪推定，開庭時也必須「看起來無罪」，以免審判者受其外表影響（如穿著看守所的囚衣），而有先入為主的不良成見。因此，美國律師準備被告出庭的第一課，是幫他找件像樣的衣服，給法官和陪審團好印象。被告的席位則安排在辯護律師旁邊，以便雙方隨時溝通，針對審理進展情形，提出適切反應。

我國刑事訴訟法第二八二條規定：「被告在庭時，不得拘束其身體。但得命人看守。」因此，被告開庭時，必須將其手銬、腳鐐解除。本條規定目的，除了前述「無罪推定原則」外，也為了避免被告身體受拘束，而不能充分自由答辯，包括比手劃腳、加強答辯效果。不過，實務上也常有法官忽略本條規定，未命法警將被告手銬、腳鐐解除。

片中，傑克坐在木柵裡。我國的刑事被告則通常站在法官席前，沒得坐。其實，依照法院組織法的規定，被告有其席位，而且，除了被告陳述、應訊時以外，被告應該坐著才對（參法院組織法第八十四條第三項：「除參與審判之法官或經審判長許可者外，在庭之人陳述時，起立，陳述後復坐。」）。有一次，庭訊時間很長，筆者擔任辯護律師，向審判長表示：「可否讓被告就坐？」當時審判長在問證人，審判長回答：「本庭自有處置。」筆者只有摸摸鼻子坐下。

法官為什麼不讓被告坐？律師當然可以翻出法條，告訴法官：「你錯了！」但是，被告的案子在法官手上，如此做法無異當眾指責法官「不懂法律」，如果激怒法官，後果難料，風險太大。只有等更適當的機會再表示意見。

被告坐著或站著，有何差別呢？坐著可以較輕鬆觀察、思考審判進行情形，甚至做筆記。有時證人作證長篇大論講了十幾點，法官問被告有何意見？如果不做筆記，怎麼逐一辯白？

還有，以前我國被告的席位是在律師旁邊，當時律師、被告席位在台下，檢察官則和法官坐在台上，完全違反當事人平等的精神。後來，民國78年，朱高正立委在立法院主導修改法院組織法，改為：「（法庭）席位布置，應依當事人平等之原則為之。」（第八十四條第二項）結果，檢察體系大反彈，揚言絕不與被告並列，司法院迫於形勢，修改法庭席位布置時，把辯護律師搬上檯放在左邊，檢察官移到右邊，被告席位仍在台下。

所謂「當事人平等」。變成檢、辯之間的平等，真正的當事人——被告仍舊屈居下等，真是笑話！原本官（法官、檢察官、書記官）在上、民（律師、被告、證人等）在下，是官僚權威主義的設計；改為法律專業人士（法官、檢察官、律師、書記官）在上、民仍在下，在官僚權威主義外再加上專業權威主義。

尤其把被告和律師分開，以致開庭時無法溝通，更是嚴重失策。律師要有效詰問證人，必須詳閱卷證，與被告充分溝通、商討案情。即使如此，審判難免有意外，如果臨場突然冒出一些律師之前不知道的證據，律師就必須臨時與被告商談，才能決定如何反應。可是，目前的法庭席位布置，卻使得這種溝通變成不可能。

由上述說明，可見被告的席位和外表，表面上是司法改革的一小步，卻是程序正義的一大步。直到民國94年7月司法院才修正「法庭席位布置規則」，規定被告與辯護人相鄰而坐，與檢察官相對等，符合法院組織法「當事人平等」的規定。這一步，花了16年！

為什麼採用社會主義法制的中國大陸和採用西方民主法制的我國對刑案被告法庭席位的安排，採取同樣的態度？原因恐怕是源於傳統文化對人犯的蔑視。

三、坦白從寬、抗拒從嚴

「坦白從寬、抗拒從嚴」雖是大陸知名的口號，實際上卻應用於兩方面：（1）犯罪事實的認定；（2）量刑。用於量刑，基本上沒有問題，我國如此（刑法第五十七條第十款，「犯罪後的態度」，是科刑應斟酌的事項），美國也是如此。問題出在以「坦白與否」做為認定犯罪事實之依據。

被告愈否認，愈認定是被告幹的，除非被告能提出無罪的確證。於是，舉證責任移轉到被告，被告必須證明自己無罪，偵、審訊問被告的過程，也變成審問者與被告間意志的角力，審問者非迫使被告承認不可，從而導致刑求逼供大行其道。

中國大陸至今不承認被告有緘默權（刑訴第九十三條後段：「犯罪嫌疑人對偵查人員的提問，應當如實回答。」）對於被告因強暴、脅迫等而為的非任意性自白，也沒有排除其證據能力的規定。

我國去年底新修正刑事訴訟法，首度承認：「被告得保持緘默，無須違背自己之意思而為陳述。」（第九十五條），刑訴原本即有自白任意性的規定（刑訴第一五六條：「被告之自白，非出於強暴、脅迫、利誘、詐欺、違法羈押或其他不正之方法，且與事實相符者，得為證據。」），但實效性很低。國內多少警察會容忍被告拒絕作答？法官對刑求抗辯也多半感到不耐煩而已（詳參本書「以父之名」一片之評論）。

四、律師接見被告之祕密溝通權

律師與被告有祕密溝通的特權，原則上國家不得監聽。理由很簡單，以打牌作比喻，如果對方可以先看你的牌，再決定如何打牌，這場牌局還可能公平嗎？如果檢方可以監聽律師和被告的溝通內容，事先了解辯護內容、策略，審判還可能公正嗎？

然而片中，沈律師與傑克的對話，不但被監聽，還被錄影。我國也差不多，看守所管理員在律師接見被告時不但在場旁聽，還做筆記。有時他們懶得做，還叫律師將商談內容作成筆記交給他們，絲毫不介意如此可能使律師觸犯妨害祕密罪

（刑法第三一六條）。

荒謬的是，有一次，筆者接見在押少年犯，管理員在場旁聽時，看當事人遲疑不答，竟然插嘴大喝：「你跟律師講話要講實話！」筆者差點從椅子上跌下來。

這些怪現象只證明，就律師與被告祕密溝通權的保障，我們比中國大陸高明不到哪去。

五、人民陪審員

中國大陸採用「參審制」，「基層人民法院、中級人民法院審判第一審案件，應當由審判員三人或者由審判員和人民陪審員共三人組成合議庭進行。」（刑訴第一四七條）。參審的人民陪審員與審判員（職業法官）有同等的權利。

人民參審的好處是避免司法權由職業法官獨占，防止司法流於保守、封閉，與民意社會脫節。

片中，洪律師請求傳訊可能的真凶，主審的審判員斷然拒絕，兩位人民陪審員卻表示不妨聽聽看，終而得以揭發真相。由此一例，可見人民參審可以調和職業法官的專斷。職業法官雖然專業，但正因其職業慣性及高高在上的社會地位，容易與社會脫節，形成專斷自肆的個性。

我國實務上，當事人或律師聲請調查證據，也常遭法院武斷拒絕。刑訴第一七二條規定：「當事人或辯護人聲請調查之證據，法院認為不必要者，得以裁定駁回之。」有無必要之認定，幾乎漫無標準。我們是否也需要人民陪審員來調和法官的專斷呢？

看了以上的說明，請閉上眼睛想想看，如果有一天你也被捕，在我國接受司法審判，你會不會也覺得自己陷入卡夫卡式的荒謬審判劇？

06「1996黑獄風雲」——囚犯人權

Murder in The First

「1996黑獄風雲」——囚犯人權

監察院調查報告指出，監所超收人犯十分嚴重，

收容空間不足、設施不足、管理人員不足、流動率高、管教品質不佳、

教誨人力、品質嚴重不足、獄政教化功能虛而不實，

不但不能發揮矯正、教化功能，

反而成為增進犯罪技能的溫床。

難怪人犯再犯率那麼高！

訓練不足的監獄管理人員，

面對眾多的人犯、沈重的工作壓力，

卻擁有幾乎不受監督的管理權限，

能不濫權者幾希？

片名：**1996黑獄風雲（Murder in The First）**

導演：馬可・洛可

演員：克里斯汀・史萊特

凱文・貝肯

蓋瑞・歐德曼

美國舊金山灣區有一座小島名為阿卡垂茲（Alcatraz），是觀光勝地，每年有上百萬名遊客坐船到島上參觀。參觀什麼？監獄！

阿卡垂茲曾經是一座大型聯邦監獄。三〇年代，美國黑道猖獗，聯邦政府為了展現打擊犯罪的形象，將阿卡垂茲改建為監獄，專門收容黑幫份子。阿卡垂茲曾經關過艾爾．卡彭、機關槍凱利等美國犯罪史上赫赫有名的黑道歹徒，從來沒有人犯從阿卡垂茲脫逃成功，是一座號稱銅牆鐵壁、守衛森嚴的鐵牢。

聽起來像不像法務部前部長廖正豪所發明的「治平專案」──把逮捕的黑道份子用直昇機載到綠島羈押候審？

差別在於，阿卡垂茲關的是已判決「有罪確定」的人犯；綠島關的則是法律上受「無罪推定」的被告。廖部長後繼任的法務部長城仲模決定繼續執行此一政策。先後兩任具有法學博士頭銜的法務部長，採用這種違反程序正義的政策，證明了一件事──政治考慮遠比法律原則重要，即使對法學博士也一樣。

本片的主要場景就是阿卡垂茲。1938年間，三名人犯從阿卡垂茲逃亡失敗，一名死亡，兩名逃犯，漢瑞．楊（凱文．貝肯飾）和路佛斯．馬凱被捕獲。這次逃亡，就是因為馬凱私下向獄方告密而失敗。因此，馬凱被送回一般牢房，沒有受到獄方懲罰。楊則被關入阿卡垂茲的獨居房──「地穴」。

「地穴」位於地下室，空間狹小，沒有窗戶、沒有桌椅、沒有床、沒有盥洗設備、沒有光線、沒有水，什麼都沒有。只有人犯自己和他的排洩物。漢瑞·楊被關在「地穴」長達三年二個月。其間，只有聖誕節時，被容許出來半個小時一見天日。

這麼慘無人道的待遇，不下於納粹集中營。等到楊好不容易被放出來，他的精神狀態已經不是「失常」兩個字所能形容，他被帶去沖洗、理髮，然後送到監獄餐廳吃飯。這時，他看到了路佛斯·馬凱，耳邊響起一些聲音，告訴他，這人就是告密者，就是他害你受到如此的折磨。楊當場拿起桌上的湯匙，刺入馬凱的頸部，馬凱死於非命，楊則被以一級謀殺罪名起訴。

二十四歲的公設辯護律師詹姆斯·史丹佛（克里斯汀·史萊特飾）負責承辦此案。他從哈佛法學院畢業，剛拿到律師執照，毫無訴訟經驗。所有人都告訴他，這個案子完全無望，現場有兩百多個目擊證人，鐵證如山。他崇拜的律師哥哥也說，有些案子必敗無疑，不要做無謂的掙扎，照規矩來，藉機學點訴訟經驗就夠了。

滿懷理想的史丹佛不甘放棄，哈佛畢業生會去當收入不高的公設辯護律師，想必是理想主義者。尤其因為，楊如被判有罪，必然被處死刑。

然而，楊的精神尚未回復正常，史丹佛幾乎不能與他溝通。但審判不能等，史丹佛就在一切惡劣的條件下，單槍匹馬出庭。

史丹佛在審判的開場白（opening statement）中，提出辯護策略：他從小崇拜美國名律師克雷倫斯．丹諾，立志要當律師。終於，他拿到律師執照，準備出庭辯護。但是，麻煩的是，被告確實下手殺了被害人，陪審團知道，他也知道。既然如此，何不乾脆把被告送入毒氣室處死，何必浪費大家的時間在審判上？

但是，他主張本案另有共犯，被告只是殺人武器，真正操縱這把武器的是監獄管理員和阿卡垂茲監獄，是這座監獄把一個本來正常的人變成殺人犯。

他的辯護策略，是把對漢瑞．楊的審判，扭轉成對阿卡垂茲監獄的審判。

這種奇特的答辯，當然引來檢方的抗議。媒體也大幅報導，引起輿論對阿卡垂茲獄政的高度關切。法官長考之後，同

意被告可以主張此種答辯，但他警告辯護律師史丹佛，不得把這場審判變成馬戲表演，他會密切監督史丹佛的言行是否逾越法規界限。

於是，史丹佛成功的把本案焦點移轉為阿卡垂茲的獄政——監獄管理措施是否不當。

檢方首先傳訊目擊證人，證明被告用湯匙殺死馬凱，下手當時，被告精神並沒有任何異狀，暗示被告當時並沒有「心神喪失」。

辯方嘗試接見阿卡垂茲的人犯，探詢是否願意出面指證獄方的不人道措施。結果，沒有人敢批評獄方，一名人犯甚至表示，如果要作證，他寧可為檢方作證，至少還可能有些好處，改善他在獄中的待遇。

史丹佛不得已，只找到一名被解僱的管理員辛普森，出面指證獄方的暴行。可是，辛普森是因酗酒而被開除，不是可靠的證人。

審判中，史丹佛因為政治壓力而被從公設辯護人一職開除；他當律師的哥哥也向官方透露辯方的關鍵證人是辛普森，使得檢方可以充分準備，打擊辛普森的可信度。因為，阿卡垂茲攸關聯邦政府的威信，因此，官方透過各種力量打擊史丹佛。

但是，史丹佛堅不退讓，以私人律師身分繼續辯護。他的熱誠鼓舞了漢瑞．楊，使楊重燃生命意志，願意配合準備辯護。

史丹佛傳訊副典獄長葛雷（蓋瑞·歐德曼飾），質問他有無虐待楊，葛雷矢口否認，但卻不得不承認楊被單獨監禁在「地穴」中達三年多之久。只是他辯稱楊企圖逃獄，不得不予以重懲。葛雷也承認，在他任職期間，有三十二名人犯被送入精神病院，顯示阿卡垂茲不但沒有使人犯悔改向上，反而使人犯發瘋。葛雷在史丹佛的嚴厲詰問下，情緒失控，暴露出其陰沈暴戾的性格。

史丹佛又傳訊典獄長漢森。漢森是美國高階的獄政官員，著作中高談人犯改造的理論，儼然一位獄政專家。但是，舊金山港務局的紀錄證明，他在楊被單獨監禁的三年多（一千多天）中，只去了阿卡垂茲二十四天，顯示他完全放任葛雷為所欲為，甚至從未見過或聽過漢瑞·楊。

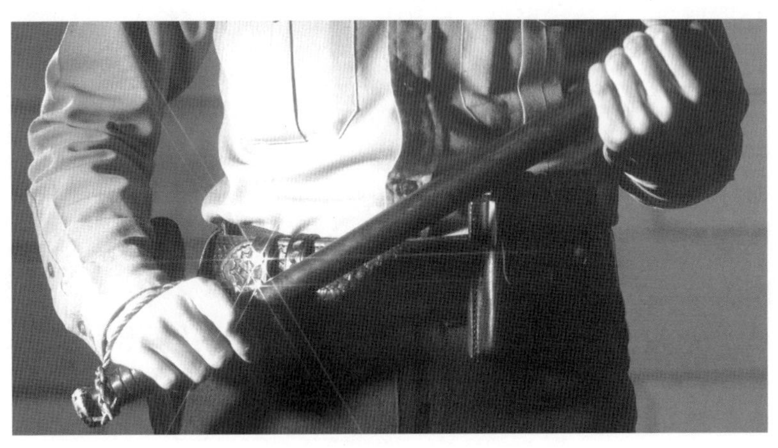

史丹佛將詰問的技巧發揮得淋漓盡致，狠狠修理了漢森。楊非常痛快，但是，當史丹佛告訴他，情況很好，可能只會判十年徒刑，不致判死刑時，他卻要求將無罪答辯改為有罪答辯。

史丹佛迫於無奈，傳楊上證人席作證，演出一場感人的告白。楊痛苦地表示，他寧死也不願再回到阿卡垂茲。

原來他以為這場審判毫無意義，但是沒想到能反擊獄方官員、和史丹佛成為好友、史丹佛也為他找回失散多年的妹妹，讓他從獄方整治下的「低等動物」，重新尋回生存的意義。但是一想到不判死刑，就要重回阿卡垂茲，這令人生不如死的地方，他寧可被判死刑。

楊在最後否認自己有罪，他是武器，不是殺人犯。葛雷他們才是殺人犯，他們謀殺了他的人性。這場審判，對楊猶如救贖一般，使他重新取回自己的人性尊嚴。

陪審團最後判決普通殺人罪，並罕見地當庭發表一篇公開聲明，譴責阿卡垂茲的獄政官員，要求調查他們「違反人道」的罪行。

結局：漢瑞．楊被送回阿卡垂茲，在本案上訴期間，死於獄中，牢房地上刻著一個字——Victory（勝利）。葛雷被以凌虐人犯罪名起訴，被判有罪，從阿卡垂茲解僱，司法部門對他永不錄用。阿卡垂茲監獄則於1963年關閉，如今是觀光勝地。

本片一半是監獄電影；一半是法庭電影。凱文．貝肯的表現相當出色，演活了從「低等動物」獲得救贖的過程，非常感人。法庭戲中克里斯．史萊特的交互詢問也值得細細品味，看他如何借題發揮，大作文章，相當精彩。

本片有許多值得分析探討之處：

一、監獄政治學與黑暗面

儘管在理論上及法律上，監獄行刑的指導原則是「以教化代替懲罰」，實際的情況卻顯示，這是難以實現的口號，即使在美國也是如此。

教化人犯的前提，是足夠的設施、設備和訓練完善的管理人員，沒有充足的預算如何進行？問題是，立法、行政機關怎麼會願意把大筆預算花在政治上無足輕重的犯人身上？再加上犯罪率逐年高漲，監獄人滿為患，民眾普遍要求嚴懲罪犯，使情況更形惡化。哪個政治人物敢甘冒大不諱，主張增加預算，改善人犯待遇？

於是，訓練不足的監獄管理人員，面對眾多的人犯、沈重的工作壓力，卻擁有幾乎不受監督的管理權限，能不濫權者幾希？

這是結構性的問題，國內也是如此。馬英九擔任法務部長時期，雖然號稱推動「獄政革新」，例如開放煙禁、收音機、清涼海報，放寬假釋條件等，但對預算不足的根本問題也是無能為力。監獄的開放措施雖是囚犯人權應有的保障，對人犯教化並沒有什麼實質效果，倒是可以杜絕管理員賣私煙等貪瀆風氣；放寬假釋條件更被批評為敗壞治安的根源之一。

不過，這也不能單單歸咎馬英九沒有能力解決問題，比起歷任只求監獄不要暴動的法務部長，他算是比較能正視獄政問題的了。

筆者唸大學時也修過「刑事政策」這類談獄政問題的課。後來讀到出版界名人許仁圖先生所著的「我不入監獄誰入監獄」一書，被監獄中的黑暗嚇呆了。此後再看到學者高談矯治理論的著作，只覺得天方夜譚。

想真正了解我國的獄政黑暗，可以讀許仁圖先生所著的「我不入監獄誰入監獄」、「浪子不回頭」以及「手扶著鐵窗向外望」等書 。

二、囚犯人權

早期，美國法院對人犯待遇採取放手政策，不干預獄政。

自七〇年代起，法院轉而積極受理人犯對監獄的訴訟，逐漸開始監督監獄管理措施，因而出現無數的新判例，尤其是依據美國憲法第八條修正案，主張獄方措施構成「殘酷而不尋常的刑罰」。例如片中漢瑞．楊長期在惡劣生活條件下受獨居監禁，顯然已經構成「殘酷而不尋常的刑罰」，侵害其憲法上的人權，可以請求除去違法處遇，甚至請求獄方賠償。

針對監獄人滿為患的問題，美國最高法院有判例（Rhodes v. Chapman, 1981）認為，該案中獄方把兩個犯人關到原定只關一人的牢房，雖然監獄擁擠本身不當然構成違憲，但是強調，監獄的生活條件必須符合生活所需的「最低文明標準」，否則不符當代的人道水準，而可能違憲。

法院的積極監督，反映了對立法、行政部門坐視獄政敗壞的不滿。甚至有法院判決，在監獄改善人滿為患的問題前，不得再收容新的人犯，藉此迫使立法、行政機關正視問題。

不過，根據美國公民自由聯盟（American Civil Liberty Union, ACLU）出版的「囚犯人權手冊」指出，法院的介入，固然減少了嚴重的不當處遇和體罰。但是，囚犯人權的尊重繫於訓練不足的監獄管理員之手，而囚犯人權訴訟耗時而且昂貴，因此，法律上的囚犯人權，在現實生活中往往被否定。

日前，《中國時報》在民國87年8月5日五版報導，國內監所人犯破紀錄達到五萬七千餘人，超收一萬多人，部分監所為紓解擁擠壓力，開放禮堂、工廠、走道讓受刑人睡覺，照片中的景象，跟養雞場一樣擁擠，真是可怕！

該篇報導引述監察院在民國87年7月中旬提出的「治安惡化專案」調查報告指出，監所超收人犯十分嚴重，收容空間不足、設施不足、管理人員不足、流動率高、管教品質不佳、教誨人力、品質嚴重不足、獄政教化功能虛而不實，不但不能發揮矯正、教化功能，反而成為增進犯罪技能的溫床。難怪人犯再犯率那麼高！其實這些都是老問題了，只是政府不願真正面對問題去解決。

監獄擁擠還造成衛生、安全上的嚴重問題，人犯容易衝突，國內監所時常傳出人犯暴斃的消息，絕非無故。

理論上，依我國法令，人犯對於監所的處遇措施（包括過度擁擠的問題），也可以循訴願、再訴願、行政訴訟的管道請求救濟。不過，實務上從未聽過這類案件。或許是因為對這條救濟管道沒有信心，或者不敢得罪獄方所致。

不過，如果就此提出行政救濟，勢必引發「能否請求救濟」

以及「人犯最低處遇標準」的憲法與人權問題，最終可聲請大法官釋憲。屆時，媒體一定會大幅報導，由此產生的輿論壓力，或許多少有助於獄政改革。

獄中「人才」濟濟，聽說有專門代撰書狀的地下「律師」，如能集體聯名請求救濟，相信會有一些震撼效果。美國經驗，雖然法院的監督不能根本解決問題，但多少有助於獄政的改善，尤其配合輿論壓力，可以促使立法、行政部門面對問題，值得一試。

三、「心神喪失」之抗辯

片中，史丹佛律師沒有提出「心神喪失」（insanity）抗辯，令人訝異。

「心神喪失」的被告，不能為自己的行為負責，法律上沒有刑責，例如夢遊、嚴重的精神病患，即使殺人，也不負刑責。

美國法上對心神喪失的定義，曾有幾次演變。傳統的定義，心神喪失必須是「由於心理疾病，以致於不能認識自己的行為，或即使能認識自己的行為，但不能判斷其對錯」，強調的是「認知」的層面。

五〇年代的美國《標準刑法典》（Model Penal Code），隨著心理學知識的發達，修正心神喪失的定義，改為「因心理疾病或瑕疵而嚴重喪失認識自己行為對錯，或喪失控制自己行為的能力」。增設「意志」層面的考慮，以涵蓋諸如妄想症、精神分裂症等「不能控制自己行為」的精神病患。這項新定義被大多數的州和聯邦法院所採用。

其後，在1982年，刺殺雷根總統的凶手辛克利因心神喪失採用《標準刑法典》的定義，被判無罪，引起大眾不滿，而重新檢討《標準刑法典》對心神喪失的定義。目前採用傳統定義和新定義的各有二十幾州。實證研究發現，在採陪審團制的美國，心神喪失的不同定義，似乎對判決結果沒有多少影響。

片中案件發生於1941年，當時仍適用較嚴格的傳統定義。漢瑞．楊雖然飽受凌虐，但恐怕不能證明其犯罪當時已喪失判斷其行為對錯的能力。或許因此史丹佛才未提出「心神喪失」的抗辯。

國內實務對心神喪失的定義，一般是引用最高法院民國26年的判例：「如行為時之精神，對於外界事務全然缺乏知覺理會及判斷作用，而無自由決定意思之能力者，為心神喪失。」（26年渝上字第二三七號），這個定義比美國的傳統定義還要嚴格。

從精神醫學的眼中來看，這個定義極為荒謬，因為，大概只有植物人是「全然缺乏知覺理會及判斷作用」，而植物人根本不會有犯罪行為。

國內著名的案例，是民國87年在北一女門口潑硫酸的何美能，雖然台北市立療養院鑑定其案發時患有妄想症，構成心神喪失，承辦檢察官卻指出，何女在接受訊問時，能清楚、明白說出案發過程，並且揚言，如果放她出來，「一定再去潑硫酸！」，因此最後仍決定予以起訴。

筆者為此在《自由時報》撰文（87.2.27）：「何美能是壞人，還是病人？」文中指出，嚴重的精神病患，沒有「控制自己行為的能力」，不能為自己的行為負責。他們是不幸的病人，不是壞人；應該進醫院治療，而不是進監獄受懲罰。並舉精神衛生法對此種病患已有「強制治療」的規定，以維護其自身及他人的安全。

該文文末並指出：「法律人面對專業知識的問題，似應多問問現代的專家，而不是只參考六十年前陳舊的判例。」結果何美能在地院被判無罪，並交付保安處分。

但該案後來經多年更審纏訟，民國92年法院才以其犯案時尚未達心神喪失，判她六年徒刑確定。

司法的保守見解最後還是要靠立法來改正，刑法有關心神喪失的規定終於在民國94年2月修正為：「行為時因精神障礙或其他心智缺陷，致不能辨識其行為違法或欠缺依其辨識而行為之能力者，不罰。」立法理由明白指出：「行為人依其辨識違法而行為之能力欠缺或顯著減低之情形，例如患有被害妄想症之行為人，雖知殺人為法所不許，但因被害妄想，而無法控制或難以控制而殺死被害人。」這項規定的修正，以及立法理由的說明，應可澄清以往判例對於心神喪失的誤解。從何美能案發生，直到刑法修正責任能力的定義，前後共歷經八年多。

07「親愛的，是誰讓我沉睡了」——真相與合理懷疑

Reasonable Doubt

「親愛的，是誰讓我沉睡了」——真相與合理懷疑

證明程度採取高標準的目的，是為了保障人權，

「寧可讓十個壞人逍遙法外，也不要冤枉一位無辜的好人！」

為了保護這一個無辜的好人，代價就是讓十個壞人逍遙法外。

人權保障從來就不可能沒有代價！

那麼，採取這個高標準，就可以避免冤枉好人了嗎？

不然，誤判的例子史不絕書，

即便在英美等法治先進國家亦然。

證明程度高標準只能減少冤枉無辜，不能根絕冤案。

這是法律的宿命，

也是法律人應該慎重、嚴肅以對的「不可能的任務」。

片名：**親愛的，是誰讓我沉睡了（Reasonable Doubt）**

導演：巴比・許洛德

演員：傑瑞米・艾倫斯

葛倫・克蘿斯

原著：艾倫・德蕭維奇[1]（哈佛大學教授，Alan Dershowitz）

得獎：1991年奧斯卡／金球獎最佳男主角（傑瑞米・艾倫斯）

筆者介紹本片的原因之一，是想引介艾倫・德蕭維奇給國內法律界的好學之士。艾倫・德蕭維奇何許人也？

國內法界對美國律師界的現況不甚了然，一般談起美國律師，腦海中只浮現出陳之藩大力推介的克雷倫斯・丹諾（Clarence Darrow, 1857-1938）。丹諾固然是美國律師傳統中光芒萬丈的巨星、偉大的雄辯家，但畢竟是十九世紀末、二十世紀初的人物，距離當代太過遙遠。其實，江山代有才人出，近年來美國律師界有幾位名震全美的律師，論才智、雄辯、勇氣、品格，比起丹諾，也不算遜色。

例如，曾為伊美黛（前菲律賓第一夫人，馬可仕之妻，馬可仕垮台後，她流亡美國，被美國聯邦政府起訴，後判無罪，此案相當有意思，在此難以細表）辯護的傑利・史班斯（Gerry Spence）。筆者在美國唸書時，參加西雅圖當地律師公會的律師在職訓練活動，邀請傑利演講「訴訟技巧」，他即席問答，當場表演，氣勢如虹、震懾全場，講畢全場起立鼓掌，聽眾全是律師，久久不停，這是律師界向專業的最佳典範致上最崇高的敬意。

負責講評的華盛頓大學證據法教授上台時，幾乎不能、不敢妄置一詞，只是喃喃自語：「我只能說，我永遠無法成為傑利・史班斯！」筆者當場大為傾倒，原來律師可以做到這樣！心中油然生起「大律師當如是也！」的念頭。

另一位讓筆者佩服不已的律師，即是艾倫・德蕭維奇。艾倫是猶太人，哈佛法學院教授，講授證據法、刑事訴訟，以及憲法相關課程，以關切憲法人權、司法改革等議題聞名。他同時是名律師，專辦刑事案件上訴，曾辦過許多轟動一時的名案。足球明星辛普森殺妻案中，他也是夢幻律師團的成員，負責萬一辛普森被判有罪時的上訴事宜。他在媒體上有固定專欄，針對法律時事發表評論，見解精闢，文筆機智生動，對法律界的批判指名道姓、直言不諱，非常精彩。他的著作相當多，有幾本是他所承辦精彩案例的紀錄，筆者在美國有次讀到他一篇「一個美國律師在蘇聯法庭」[2]，記述他如何為前蘇聯著名的異議份子夏倫斯基辯護的經過，步步引人入勝，令人拍案叫絕，筆者興奮感動地徹夜未眠，直到天明，至今記憶猶新[3]。

本片是根據美國1982年間轟動一時的刑案——克勞斯‧馮‧布洛殺妻未遂案，改編而成。克勞斯（傑瑞米‧艾倫斯飾）是歐洲貴族後裔，娶富家女桑妮（葛倫‧克蘿斯飾）為妻。桑妮在1980年聖誕節前夕，昏倒在家中浴室，送醫不治，變成植物人。

桑妮與前夫所生的子女——艾力斯和亞拉，懷疑桑妮的病因，私下僱請前曼哈頓地區檢察官羅伯‧布里霍曼調查此案，結果在克勞斯的櫃子內搜出一個黑色袋子，內有許多針筒和藥品。送請化驗的結果，發現針頭上有高濃度的胰島素，足以致人嚴重昏迷、甚至死亡。

克勞斯以謀殺未遂罪名被起訴，艾力斯、亞拉和家中女傭瑪利亞均提出不利的證詞。最致命的是，克勞斯的情婦亞莉珊卓（知名的肥皂劇女星）出庭指證，克勞斯曾拿一份法律文件給她看，是桑妮遺囑的法律分析。克勞斯原只有一百萬元的財產，桑妮如果死亡，他可獲四千萬美元的遺產。亞莉珊卓的證詞證實了克勞斯的犯罪動機。

動機、犯罪手法、人證、物證，盡皆齊全，克勞斯被判兩項謀殺未遂罪名成立，判刑三十年。

這個聽起來像是通俗連續劇的案子，最後卻被羅德島州最高法院撤銷原判決，發回更審，最後改判無罪。本片即是描述本案上訴翻案的經過情形，可以欣賞傑出的律師如何辦案，使鐵證如山的死案子死中求活。

克勞斯在判罪後，聘請艾倫・德蕭維奇為他上訴，本片即是根據艾倫的原著改編而成。

克勞斯為人高傲冷漠，多年來在外大搞婚外情，本案看起來又鐵證如山，民權律師艾倫為什麼要替這種人辯護？

片中引述一個律師界的老笑話：「如果希特勒突然打電話來，要你替他辯護，你會怎麼做（別忘了，艾倫是猶太人！）？你會殺死他，還是接辦此案？」

標準答案是：接辦此案，然後殺死他！（諷刺律師界業務第一，接案不分對象。）

艾倫召集他在哈佛法學院的十幾名優秀學生，菁英中的菁英，組成辯護團隊。第一次開會時，就有女學生質疑：這是個齷齪的案子，克勞斯是個齷齪的被告，為什麼要浪費眾人的才智替這種人辯護？說完掉頭就走。

艾倫回答說：「我可以行使我的言論自由嗎？」一句話留住了正氣凜然的學生。艾倫說，如果律師只替無辜的人辯護，全美國大概只剩十個律師而已！重要的是，被告有沒有獲得公正的審判？律師的工作就是協助被告，使其獲得公正的審判。不管被告的身分、地位、財富如何，他都有權獲得公正的審判。被告不應該因為貧窮、無知而受歧視；同樣地，被告也不應該因為有財有勢而被未審先判。

但為什麼是你（知名的民權律師）？為什麼我們要替這種人辯護？艾倫的答覆是，他只接與憲法、人權或道德議題有關的案子。本案，桑妮之子艾力斯自行僱請前任檢察官調查此案，沒有搜索票，卻自行違法搜索，因而發現克勞斯犯案的藥品、針筒等物，交給警方。如果可以這樣，以後有錢人想告別人時，他們就不會找警察依法定程序調查、搜索，他們會自行聘僱私人檢察官、違法搜索，再自行篩選證物，只提供不利於被告的證物給檢方。到時，被告可不會像克勞斯那麼有錢，可以對抗這種迫害！這是具有憲法意義的爭議。所以，問題不像表面上的善、惡二分法那麼簡單。

其他同學也勸女同學留下來，甚至有人說：「我相信克勞斯有罪，但這正是樂趣所在，如此才有挑戰性！」

艾倫將同學分成幾組，分別進行調查、研究以下疑點：

1. 針筒上胰島素的化驗報告。

2.克勞斯的黑色袋子（及內含的針筒、藥品）所涉及的「違法搜索」與「證據排除法則」的問題。

3. 研究、分析羅德島州最高法院歷年來的判例。

4. 前任檢察官羅伯・布里霍曼在一開始調查時，曾詢問艾力斯、亞拉及女傭瑪利亞等人，並作成筆記（下稱「布氏筆記」)。可是，審判中，辯方要求其提出筆記以供辯方了解，卻遭拒絕，法院也裁定其毋庸提出。為什麼？

5. 審判全程的筆錄。

艾倫強調其辯護策略，不只是主張判決違法、應予撤銷，更要推翻美國民眾認定克勞斯是兇手的「絕對確信」。本案審判期間媒體大肆炒作，克勞斯在判決公布以前，早就被媒體宣判有罪了！上訴不能只是指摘原審法律上的技術性瑕疵，羅州最高法院的法官撤銷原審判決以後，回家必須向家人解釋其判決理由。所以辯護目標是要完全、徹底打破檢方的證據，如果不能全盤獲勝，就是一敗塗地，沒有中間地帶。

他提醒大家，絕大多數的案子，是在準備階段決勝負，而不是在法庭上才分高下，所以準備階段要鉅細靡遺、全力以赴。提出上訴理由的期限只有四十幾天，辯護團隊緊鑼密鼓地進行。

結果，檢方的證據，一點一滴露出破綻：

——胰島素是從針頭表面殘留的薄膜化驗出來的。可是依照常理，針頭如果經過注射，從皮膚中拔出時，針頭表面不會殘留藥劑。這表示，有人拿針頭去沾藥劑，而不是真的用來注射（看看人家哈佛的孩子多聰明！）。難道有人故意栽贓，陷害克勞斯？

艾倫叫人準備五支針筒，兩支沾澱粉、鎮定劑和胰島素；兩支沾澱粉和鎮定劑；一支則什麼都不沾，一齊送到原審同一個化驗室檢驗。結果，未沾胰島素的兩支針頭也化驗出陽性反應，顯示該化驗室的鑑識結果根本不可靠。

艾倫命人寫信向布里霍曼要「布氏筆記」做參考。布里霍曼回信很客氣的拒絕，說他詳細看過筆記內容，認為筆記對辯方毫無用處。艾倫馬上推斷——裡頭有鬼，布里霍曼曾任檢察官，如果筆記內容毫無用處，何必拒絕提出。艾倫大膽推測，艾力斯、亞拉、瑪利亞等人初次與布里霍曼面談時，根本沒提過胰島素的事，是在化驗報告出來後，他們才突然「想起來」的。可能是「記憶增強」的心理作用，甚至是故意陷害克勞斯。

本案沒有直接證據，判決依據的是犯罪動機、針筒、黑袋子等

間接證據。但克勞斯找其他傭人作證，指出桑妮長期濫用藥物和鎮定劑；桑妮因為克勞斯的婚外情、夫妻不和，也有輕生念頭，可不可能桑妮是自己注射胰島素呢？

於是，艾倫即根據以上重點及其他理由提出上訴，並主張黑袋子和針筒是違法搜索取得的，不得作為證據。

羅德島最高法院開庭時，艾倫開宗明義表示：「庭上，您可能不喜歡克勞斯・馮・布洛，您可能認為他有罪，但是，我要告訴您，他是無辜的！」接著提出上述化驗報告等新證據，主審法官立刻打斷他，表明最高法院是法律審，不得提出新證據。

艾倫早有準備，他舉出主審法官自己作成的判例，「如果原判決只依據情況證據『推論』證明被告犯罪，被告上訴主張這些情況證據可以有其他合理的解釋，那麼唯一提出合理解釋

的方法，就是准許被告提出『新證據』來說明。」主審法官無話可說，同意他提出新證據，檢方雖然不同意在法律審中提出新證據，但迫於形勢，也只有針對辯方的論點，逐一反駁。

最後，羅德島最高法院判決原判決撤銷，發回更審。原審有關「布氏筆記」和違法搜索取得之證據的裁定，均被撤銷。艾倫拿到「布氏筆記」，不出所料，艾力斯等人在頭兩次與布里霍曼的面談中，根本沒提到胰島素，顯見其證詞完全不可靠。

克勞斯更審時，艾倫擔任訴訟顧問，結果改判無罪。

本片的編劇相當成功，很逼真的表現出準備上訴的功夫、律師與客戶間既緊張又合作的關係、辯護團隊內部生動有力的討論過程。成為植物人的桑妮，在編劇巧妙的設計下，以旁白籠罩全片，設定全片撲朔迷離的基調，令人激賞。

本片有許多值得分析檢討之處：

一、真相與證明

真相究竟如何？桑妮真的是自殺，自己注射嗎？克勞斯真的是無辜，被陷害的嗎？是否艾力斯他們懷疑克勞斯，因此乾脆製造證據使他入罪？

就算是被陷害，並不表示克勞斯就是無辜的。艾力斯他們仍可能陷害一個有罪的人？

劇終時，艾倫他們也不敢確定克勞斯是無辜的。桑妮的旁白質疑：「他（克勞斯）就是魔鬼嗎？魔鬼能獲得正義的制裁嗎？」

真相在結局時仍是撲朔迷離。但是，有一點可以確定，要判有罪，法律上「證據不足」。

我國最高法院判例曾說：「認定犯罪事實所憑之證據，雖不以直接證據為限，間接證據亦包括在內：然而無論直接或間接證據，其為訴訟上之證明，須於通常一般之人不致有所懷疑，而得確信其為真實之程度者，始得據為有罪之認定。倘其證明尚未達到此一程度，而有『合理之懷疑』存在時，事實審法院復已就其心證上理由予以闡述，敘明其如何無從為有罪之確信，因而為無罪之判決，尚不得任意指為違法。」（七十六年台上字第四九八六號）

根據證據認定有罪與否，表面上是是非題，實際上是心證的程度問題。

證據判斷不可能有百分之百的確定。科學原理都不可能絕對正確，而可能被推翻，何況是犯罪事實的判斷？如果要求百分之百的確信才能判有罪，大概也不用設監獄了。

反過來說，為了保障人權，避免無辜的人被冤枉，有罪判決的證明程度必須達到高標準。前述最高法院判例是刑事訴訟法上具有劃時代意義的判例，可惜似乎未獲得學界、實務應有的闡揚和重視。

刑事訴訟法第三〇一條規定：「不能證明被告犯罪……者，應諭知無罪之判決。」就是強調罪證不足，應判無罪。但是何謂罪證不足？證明要達到什麼程度，才能判有罪？這應有一客觀標準，但刑事訴訟法並無明文規定。前述最高法院判例明定，證明程度，必須達到「通常一般之人不致有所懷疑，而得確信其為真實之程度」，如有「合理之懷疑」，則可以為無罪之判決。換言之，有罪判決之證明，必須達到「沒有合理懷疑」的程度。

這個標準，和英美法上「beyond reasonable doubt」（沒有合理懷疑）幾無二致，難道最高法院中暗藏高人，以判例在推動證據法的發展？

本案，胰島素的化驗報告既已被推翻，艾力斯等人的證詞又有偏頗、被誘導之虞，顯然證明程度存有「合理的懷疑」。罪證不足，依法自應為無罪之判決。

然則，如果克勞斯真是魔鬼怎麼辦？難道讓惡人逍遙法外？

證明程度採取高標準的目的，是為了保障人權，「寧可讓十個壞人逍遙法外，也不要冤枉一位無辜的好人！」為了保護這一個無辜的好人，代價就是讓十個壞人逍遙法外。人權保障從來就不可能沒有代價！

那麼，採取這個高標準，就可以避免冤枉好人了嗎？

不然，誤判的例子史不絕書，即便在英美等法治先進國家亦然。證明程度高標準只能減少冤枉無辜，不能根絕冤案。這是法律的宿命，也是法律人應該慎重、嚴肅以對的「不可能的任務」。

二、法律審與新證據

我國最高法院判例規定：「第三審為法律審，應以第二審判決所確認之事實為判決基礎，故於第二審判決後不得主張新事實或提出新證據而資為第三審上訴之理由。」（七三年台上字第五二三〇號）

法律審不得提出新證據，這是中外皆然的基本原則。

片中，艾倫要在最高法院法律審中提出新證據，同學都說行不通，艾倫卻堅決主張如果規定行不通，就想辦法修改規定，法官最後也接受其主張。

法律規定是為實現正義而存在，沒有道理為了遷就法律規定而犧牲正義。艾倫的主張，充分展現美國實用哲學的精神，也體現一個優秀的律師「用法而不為法所用」的獨立思考能力。

筆者也曾聽過我國最高法院法官公開坦承，儘管法律、判例明定第三審不得提出新證據，有些最高法院法官真正關切的還是實體正義的實現。如果新證據確實可以動搖原判決，他們不會視而不見，還是會想辦法找到別的理由將原判決撤銷，發回更審。

可見法官也是人，而且中外皆然，唸法律不能只認得書裡的規定，而忽略了人性。

三、「違法搜索」與「證據排除法則」

依美國法，違法搜索所取得的證據，原則上不得用於審判做為證據，稱為「證據排除法則」（Exclusionary Rule）。

證據排除法則的目的是要「嚇阻」警方的違法搜索，因此，私人搜索所得的證據交給警方，是否也適用「證據排除法則」，頗有爭議。

1984年，美國最高法院判決（United States v. Jacobsen）表示，警方將私人搜索取得的白色粉末送化驗，並不構成「違法搜索」，因此不適用「證據排除法則」。

片中的案件發生於1982年間，如果是在上述最高法院判例之後，有關違法搜索部分，羅德島州最高法院的判決可能會有所不同，亦未可知。

美國有關「違法搜索」與「證據排除法則」的爭議不斷，相關資料汗牛充棟；而最高法院的判例也常因自由派或保守派大法官當道而變動不居，難有定論，原則之外有許多例外，例外之外又有例外，搞得在街頭執勤的警察頭昏腦脹，無所適從，在此難以詳述。

國內警方長久以來經常假借「臨檢」之名進行搜索，規避刑事訴訟法對於搜索的要件限制。民國92年刑事訴訟法修正，參考美國、德國之立法例，明文承認證據排除法則。法院開始以人權保障及程序正義的觀點進行審查違法搜索，誠屬可喜的現象，是國內法治的重大進展。

美國最高法院在六〇年代逐步以判例將憲法價值導入刑事訴訟程序，號稱刑事訴訟的「憲法革命」。國內學說、實務與法制的發展，也顯示這幾年刑事訴訟程序的憲法化運動已在國內展開。

四、上訴期限

片中，辯方只有四十幾天的時間準備提出上訴理由，時間壓力很大。我國更短，收到判決後十天內要上訴。上訴第三審必須敘述上訴理由，上訴理由可在提起上訴後十天內補提。所以，最多有二十天的時間（通常少於二十天）可以準備提出上訴理由，這個期限實在太短了。

第三審是法律審，而且是最終審，理應慎重以對，上訴理由自應深入研究相關法令、判例等，提出言之有物、直指核心的法律見解。但是，實務界大概都清楚，第三審上訴理由往往洋洋灑灑，盡是一、二審講過的陳腔濫調。而且，常常分不清法律審與事實審上訴之區別，在第三審繼續爭執證據的取捨判斷。不曉得最高法院法官看了這些狀子感想如何，筆者就常常看得頭昏腦脹，不知從何駁起。

造成這種現象的原因，除了律師撰狀水準有待提升外，上訴期限太短，也是主因。為了趕在期限屆滿前提出上訴理由，往往不暇深究爭執的法律問題，囫圇吞棗，隨意拼湊上訴理由，最高法院被這些如洪水般、水準參差不齊的上訴理由狀淹沒，浪費不少寶貴時間，如何有餘裕深思熟慮創出傳世的判例？

因此，延長上訴理由的提出期限，並嚴格要求上訴第三審的理由，不得浮濫主張，必要時，甚至可訂定適當的罰則，予以處罰（美國即有此種規定）。

司法是有限的寶貴資源，當事人或律師濫用司法資源的結果，是使真正重要的法律爭議不能獲得完善、有效的解決，最終是全體社會的損失，不知讀者以為然否？

五、理論結合實務

美國的法學專任教授可在不影響教學研究下接辦與其專業領域相關的訴訟案件，並找學生打工當助理協助辦案，如此理論與實務緊密結合，上起課來自然切中要言，並可提供學生第一手的實習機會。相較之下，國內有些訴訟法教授沒打過訴訟，毫無訴訟實務經驗，猶如鑽研運動、浮力原理，可是沒下過水的人，卻當起游泳教練，自然容易打高空而不切實際。

艾倫教授的文筆對筆者啟發甚大。國內法律人受僵固的法學教育摧殘，往往喪失以日常語言與人溝通法律問題的能力，寫起文章更是走火入魔。筆者從其文章中認識到，就法律問題與大眾溝通，不僅必要、應當，而且確實可行。只要法律人願意放下身段，拋開專業術語包裝成的權威面具，虛心檢討、改進法律人特有的表達方式，那麼，過度「專業化」、「權威化」

的法律，自然能轉化為可以為一般人理解、討論的「民主化」的法律。

1. 亦有譯為「德許維茨」或「德修茲」。
2. 該文收錄於《德蕭維奇法庭回憶錄》（商周）。
3. 在筆者引介之後國內陸續翻譯出版許多本艾倫・德蕭維奇的著作：《給青年律師的信》（聯經）、《法律的創世記－從聖經故事尋找法律的起源》（先覺）、《德蕭維奇法庭回憶錄》（商周）、《合理的懷疑：辛普森案與美國司法制度》（商周）、《大法官的偏見－聯邦最高法院如何劫持2000年大選》（五南），本本精彩。

08「以父之名」——刑求與誤判

In the Name of the Father

「以父之名」——刑求與誤判

被告的辯護律師表現相當稱職，

審判過程似乎也沒有什麼不公正。

法官量刑前對被告說「很遺憾不能判你們死刑！」，

正顯示法官認為罪證確鑿，無可置疑！！

英國的法官不是以經驗老到著稱嗎？

最後還是冤枉了一群無辜的人。

檢警就跟一般人一樣，碰到利害關係時，

公平正義的理念、職業倫理、多年的法律訓練，

全都不管用，自己的前途要緊，

十幾個無辜的被告在冤獄煎熬，算得了什麼？

片名：**以父之名（In the Name of the Father）**

導演：吉姆・謝立登

演員：丹尼爾・戴・路易斯

愛瑪・湯普遜

原著：傑利・康隆

得獎：柏林影展金熊獎最佳導演（1997）

奧斯卡七項提名（最佳影片、最佳導演、最佳男主角等）

本片是根據傑利·康隆的冤獄故事改編拍成，故事發生於七〇年代的北愛爾蘭。

北愛爾蘭在1998年舉辦公民投票，通過和平協定Belfast Agreement。2005年7月愛爾蘭共和軍宣布全面解除武裝，多年來反抗英國政府統治、追求與愛爾蘭共和國統一的政治運動，終告和平解決。為什麼會有北愛問題？

簡單地說，愛爾蘭為掙脫英國數百年的殖民統治，在本世紀初曾經轟轟烈烈推動獨立運動。最後，獨立成功，愛爾蘭共和國成立。但是，英國政府的條件是要保留北愛爾蘭為英國領土，因為當地有許多英國新教徒，多年來早已落地生根，英國政府不能棄之不顧。由於英國政府對北愛爾蘭而言不脫為「外來政權」，信奉天主教的北愛爾蘭人也與信奉新教的英國人不和，因此埋下了北愛爾蘭暴動不斷、兵連禍結的種子。

前幾年有部精彩的傳記電影Michael Collins（中譯「豪情本色」），就是描寫本世

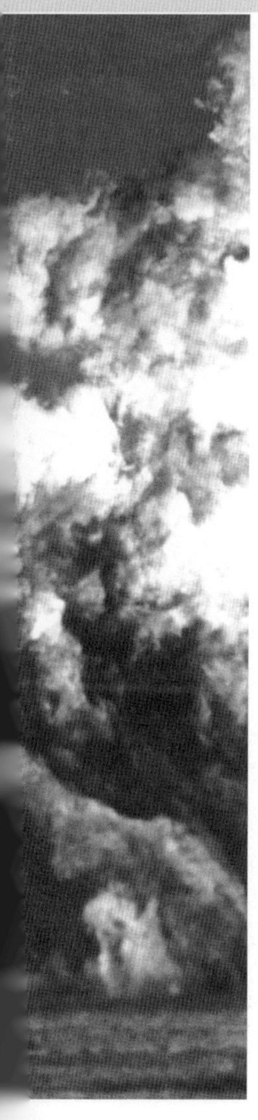

紀初愛爾蘭獨立運動的英雄人物邁可・柯林斯。該片在愛爾蘭首府都柏林實地拍攝，由大明星連恩・尼遜（「辛德勒名單」的男主角）主演，影像逼真動人，獲得1996年威尼斯影展最佳導演金獅獎，是部不可錯過的好片。想多了解愛爾蘭與英國之間的恩怨情仇，可以參考。

言歸正傳。七〇年代的北愛爾蘭，是愛爾蘭共和軍（IRA）最活躍的時期，北愛的首府伯爾發斯特猶如殺戮戰場，每天上演暴動、槍擊的慘劇。

傑利・康隆（丹尼爾・戴・路易斯飾）是當地的無行少年，在充滿血腥暴戾的城市中，以偷竊維生。一次行竊過程，被英軍誤以為是愛爾蘭共和軍的狙擊手，開槍掃射，引起居民騷動、抗議。英軍調兵鎮壓，差點使愛爾蘭共和軍的彈藥庫曝光，愛爾蘭共和軍氣得想修理傑利，幸賴傑利之父約瑟求情，才逃過一劫。傑利在北愛遲早會出事，於是，決定渡海到英國倫敦投靠其姨媽。

傑利在往英國的船上，巧遇老朋友保羅・希爾，兩人結伴到倫敦，投靠當地的一群嬉痞朋友鬼混。

當時，愛爾蘭共和軍在倫敦大搞恐怖主義，到處發生爆炸案。傑利和保羅與一名英國嬉痞朋友因為北愛問題口角衝突，被轟出來。兩人跑到公園長椅上過夜，又被一位名叫查理·柏克的流浪漢趕走，說椅子是他的，椅背刻有他名字的縮寫C·B。

兩人走投無路，在街上亂逛時，傑利撿到一名妓女掉在地上的鑰匙。他潛入妓女的公寓，偷了七百英鎊。兩人樂翻了，第二天大買衣服，裝扮得像花花公子，很招搖地榮歸伯爾發斯特。

就在傑利和保羅走投無路的當晚，英國基爾福市的一間酒館發生爆炸案，五人死亡，七十五人輕重傷。這起爆炸案，事先毫無預警，造成許多無辜百姓傷亡。英國民眾怒不可遏，國會在壓力下，迅速通過了恐怖主義防制法（Prevention of Terrorism Act），授權警方逮捕恐怖份子嫌犯後，可以拘留七天，再移送法院。

兩人的嬉痞朋友向警方密報，說他們兩個平日大談北愛問題，心懷不軌；最近又不曉得哪裡搞來大筆金錢，行跡可疑。警方據報之後，派人在北愛將傑利和保羅逮捕，移送到倫敦偵訊。兩人被捕之際，正是恐怖主義防制法通過後第二天。

保羅和傑利被拘留數日，先後在警方刑求下自白犯案，並牽扯出傑利的姨媽、家人。保羅之父約瑟趕赴倫敦救援，卻在傑利的姨媽家一同被捕。

警方化驗結果證實姨媽家人、約瑟等的手上均有硝酸鹽的化學物質，懷疑是製造炸藥的殘留。但是，連姨媽家的小孩手上也有，這就奇怪了？其實，硝酸鹽的殘留，可能只是他們拿愛爾蘭名產——香腸時，附著在手上的。鑑識人員向負責承辦本案的狄克森探長報告說：「化驗結果在法庭上可能不管用？」狄探長卻答以：「你的話在法庭上管用就行了！」

於是，傑利被控為爆炸案主謀，保羅和其他兩名朋友是共犯。傑利之父約瑟和姨媽家人共七人則被控在廚房製造炸彈、提供藏匿處所等。

審判時，檢方提出被告的自白，和化驗結果有硝化甘油為證。辯方律師極力攻擊自白的可信度，卻提不出刑求的證據。被告所說的不在場證明——公園裡的流浪漢查理・帕克，警方卻說此人根本不存在。

傑利堅稱警方刑求、並揚言要殺他父親，他受不了煎熬而崩潰，才配合自白。檢方質疑：

「你期望陪審團相信，績優的警察會冒著名譽、職業受損的危險，威脅殺你父親？」

「你曾向警方承認，你當晚向一名妓女行竊。你要我們相信一個會偷妓女錢的人，而不相信十名優秀的警察，他們全部宣誓作證說你在說謊？我要說我覺得你所講的話難以採信！」

警方也說那幾天當地沒有接獲任何失竊報告。

於是，被告全部被判有罪。法官宣示傑利的刑期時說了一段足以「名留青史」的話：「這是我的職責——質疑你為什麼不是以叛國罪被起訴，此一罪名依法可處以絞刑，如果是的話，我會毫不遲疑的判你絞刑。——我判你終身監禁，三十年不得假釋。」其他被告也都被處以重刑。

被告等入獄之後，愛爾蘭共和軍的喬・麥肯杜也被抓，他向警方供認基爾福酒館爆炸案其實是他們幹的，與傑利等無關。警方向檢察官報告，檢察官竟然決定不採取任何行動。

巧的是，喬被關到同一個監獄。他向傑利和約瑟說明經過，表示歉意。約瑟回答：「你應該對那些受害者感到抱歉！不是向我們道歉！」喬回答：「這是一場戰爭，那個酒館是軍人常去的酒館，是軍事目標！」

傑利逐漸接受喬的思想，監獄不過是英國數百年來殖民體制的一環。英國人從未從殖民地主動撤退，都是被殖民地人民打出來的。於是，傑利協助喬在獄中組織人犯、發動示威抗議，引來獄方鎮壓。

可是，喬利用一次囚犯看電影的機會，放火燒監獄主管巴克以為報復，巴克終身殘廢，喬也被隔離監禁。恐怖的場景喚醒了傑利，他決定改以和平方式救濟。

人權律師皮爾斯夫人（愛瑪・湯普遜飾）一直努力協助約瑟爭取假釋，可是等到假釋令下來時，約瑟已病死獄中。

傑利等人被冤枉的案子漸漸受到群眾的關注，都柏林、倫敦各地掀起了數千人的大遊行，要求釋放他們。

皮爾斯聲請閱卷，準備平反約瑟的案子，警方卻藉口國家安全，避免警方機密落入愛爾蘭共和軍手上，而多所阻撓。同時，傑利也被移監到蘇格蘭，以阻礙傑利和律師皮爾斯商討案情。

一次，皮爾斯調取檔案時，趁檔案室主管不在，藉機取得傑利的卷宗。卻赫然發現，卷內有當初傑利被捕後一個月，警方訊問流浪漢查理・柏克的筆錄，正是不折不扣的「不在場證明」。筆錄上夾了一張字條，上面寫著：「不要拿給辯方看！」

於是，傑利與其他被告聲請再審。開庭時，律師皮爾斯突然拿出查理・柏克的相片和筆錄，質問狄克森探長，並提出「不要拿給辯方看」的字條，指控「這些文件使整個英國司法體系蒙羞！」

檢方措手不及，聲請法院休庭。經過緊急磋商，政府決定特赦傑利等人，法院裁定案件不受理，傑利等被告當庭開釋。

後來，官方下令調查此案，發現本案的鑑識人員所作的證言相當可疑。姑不論自白是否可採、不在場證明是否可信，僅此一點，已足以推翻原來的有罪判決。

三名承辦本案的警探，因妨害司法被起訴，但在1993年被判無罪。本案相關承辦員警，沒有任何一個被定罪。傑利等四名主犯被關了十五年，於1989年才獲釋。

本片中，丹尼爾・戴・路易斯的演出強勁有力，其與父親間的父子情仇相當動人；對白精彩；音樂使全片充滿撼動人心的生命力；恐怖份子喬的反體制批判，相當有說服力，演出令人難忘。這是一部各方面均臻上乘的傑作。

本案是真實的案例，有許多值得分析探討之處：

一、刑求抗辯

我國刑事訴訟法第一百五十六條第一項規定：「被告之自白，非出於強暴、脅迫、利誘、詐欺、違法羈押或其他不正之方法，且與事實相符者得為證據。」刑求取得的自白，不能當證據，這是所有民主法治國家共同遵守的原則。問題是，怎麼證明有刑求？

本案，如電影中所演的，警方動手時很小心，他們是專業的刑求高手，不會輕易留下傷痕。於是，辯護律師提不出刑求證據，只有把被告放上證人席，親口敘述刑求經過。

結果呢？傑利在證人席上被檢方痛宰。誰會相信歹徒的話，而不相信警察呢？

這就是刑求抗辯的困境。刑求，通常沒有傷痕、沒有證人，如何判斷有無刑求？最後往往是被告（歹徒）和警察（人民褓姆）之間的發誓比賽，陪審團和法官會相信誰呢？所以，刑求抗辯很少很少有成功的！

筆者曾經請教過一位美國律師如何提出刑求抗辯，他的策略是這樣：在選陪審團時，他會問他們：「有沒有親戚、朋友在當警察？」幾十個人中，總有一、兩個會說：「有。」再問：「你會不會覺得警察比一般人誠實？他們講的話比一般人可信？」

這時候，大家就會開始想，會嗎？報紙上一大堆警察收賄的風紀問題，嚴重的還包娼、包賭、殺人、搶劫、販毒，不一而足。日常生活看到、聽到的也不少。

於是，回答往往是：「嗯，我覺得他們就跟一般人一樣，警察也是會說謊的。」

就這樣，「警察也會說謊」的訊息傳達給陪審團。當他們聽取被告和警方的證詞時，至少會比較持平，不會馬上一面倒，認定被告在說謊，企圖脫罪。

這招可用於採陪審團制度的美國，在我國卻不管用。

國內的法官、檢察官一般傾向於相信警察，絕大多數並不在乎警察有沒有刑求，而只在乎被告到底有沒有犯案。因此，當被告提出刑求抗辯時，許多法官的反應是——不耐煩。但是，依法又不能不調查，於是只有傳訊承辦員警，詢問：「有沒有刑求？」結果可想而知。

不少律師就此寫過文章，大表不滿。不過，要法官詰問警察，把警察當成被告來問，感覺也很奇怪，這應該是辯護律師的工作才對。

而且，在沒有其他人證、物證的情形下，要法官在判決書上寫下：「警察所言不可採，被告所言可採，因此被告確實有被刑求，其自白不得作為證據。」敢寫這種驚世駭俗判決的法官，在台灣，恐怕還沒誕生。美國的作法如何？

美國最高法院曾以判例規定，檢方要提出被告的自白為證，必須先證明自白是出於被告的自由意志（「沒有刑求」由檢方舉證）；法院應斟酌取得自白的全盤狀況（Totality of Circumstances），包括：有無使用強暴、脅迫等不正方法、訊問時間長短、有無剝奪食物、飲水等。檢方舉證的程度，必須達到使法官認定「沒有刑求」比「有刑求」更接近真相（preponderance of the evidence）的程度，但不必達到沒有合理懷疑（beyond reasonable doubt）的程度。後來的判例，對承認自白為證據有更嚴格的程序要件。

這樣的規定，有什麼好處？透過要求檢方舉證「沒有刑求」，檢方如果不能說服法官，法官可以在裁判上寫下：「檢方不能證明被告自白出於自由意志，因此，其自白不得作為證據。」至於，被告究竟有沒有被刑求？法官不必一定要認定。

藉此，法官可以迴避掉「沒有充分證據，卻要指摘警方刑求」的尷尬局面。

美國的判例規定，基本上並沒有徹底解決刑求抗辯的困境，只是多少降低了刑求抗辯的困難。實務上，碰到被告和警察間的發誓比賽時，多數法官還是傾向於相信警察。

不過，美國法官對程序正義的重視，卻是我國法官萬萬比不上的。如果法官不調整偏袒警方的心態，即使我國刑事訴訟法完全照抄美國法，也很難有什麼實效。

二、警察打人

由本片可以看出來，英國警察也照樣刑求。美國警察打不打人呢？前幾年，美國洛杉磯警察毆打黑人金恩，被人用攝影機拍下來。事後，警察卻被判無罪，引起當地黑人大暴動，可見美國警察也打人，從電視錄影上看來，其打人之凶狠，與歹徒不相上下。

為什麼警察會打人？美國的研究，傾向於用警察人格、警察文化來解釋。似乎警察打人、刑求是世界性的現象。

本世紀初期，美國警察的違法、濫權、腐化，達到駭人聽聞的程度。後來，各大城市在有心人士的推動下，厲行警政革新，包括教育、訓練、科學辦案、辦案準則的建立等，樹立警察執法的專業形象，重新贏得人民的信賴。現在，美國警察風紀問題雖仍有所聞，但比起以前，已經好多了。

國內的司法改革呼聲雖然高唱入雲，卻不重視警政革新。如果第一線員警的辦案方式毫不改變，即使檢察官、法官改革成功，也只能繼續收警方移送的爛攤子，不是辦法。

三、誤判

本案是個冤獄，但嚴格說來，並不算誤判。為什麼？

根據被告警訊時的自白，還有化驗報告，法院做成有罪判決，不僅不違法，還是理所當然的事。不管自白如何，想想看，一般人手上怎麼會有製造炸彈的材料——硝化甘油的殘留物？

從電影上看，被告原來的辯護律師表現相當稱職，審判過程似乎也沒有什麼不公正。法官量刑前對被告說「很遺憾不能判你們死刑」，正顯示法官認為罪證確鑿，無可置疑！

但是，最後證明了這是冤獄。一向以司法公正、程序正義自許的英國司法體系，畢竟弄錯了！英國的法官不是以經驗老到著稱嗎？最後還是冤枉了一群無辜的人。

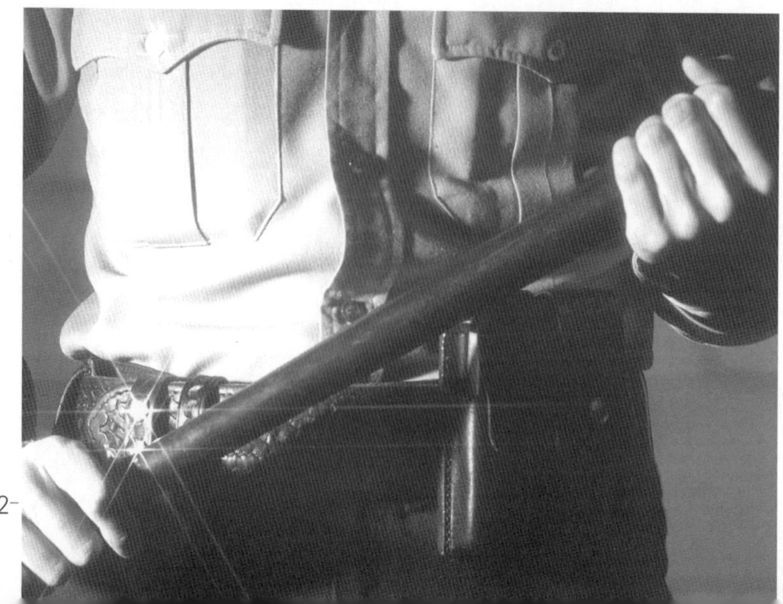

因為自白是違法刑求取得，因為鑑識人員有問題。如果證據本身被動了手腳，再傑出的律師、再好的法官，也救不了被告。

保羅原本以為自己瞎掰的自白沒人會當真，所以牽扯一大推熟人，沒想到把大家害慘了。

1995年，美國聯邦調查局爆發了一件大醜聞，其鑑識實驗室被發現在許多案件中對物證或化驗結果動手腳，引起軒然大波。經過多年調查，司法部在2003年透露有約2,000件刑案受到不利的影響！

可見，獨立、公正的鑑識單位有多重要，又多麼難得！

國內的鑑識單位都是附設於警、調機關內，辯方沒有能力或機會挑戰鑑識方法、過程、或結果，甚至質疑鑑識人員的獨立性和公正性。這是國內刑事司法體系上的一大問題。

本案，如果檔案室的主管沒有請假；如果律師皮爾斯夫人沒有藉機借出卷宗；或者，如果警方事先把不在場證明（查理・柏克的筆錄）銷毀，那麼，傑利等一干人今天還在牢裡！誰也無法翻案！

誤判既然難以避免，翻案又那麼困難，我們對死刑難道不應該謹慎嗎？

本案給英國法官最大的教訓是，再也沒有人敢在宣判時發表類似「很遺憾不能判你們死刑」這種話了。

四、檢警的心態——「錯到底」！

檢警在得知喬才是真凶時，沒有採取任何行動。他們知道，如果承認自己弄錯了，表示他們冤枉了一群無辜的人，包括傑利的姨媽、姨媽的兩個小孩（分別只有十四歲、十六歲），害他們在牢裡待了十幾年。而且，如此更證明當初確有刑求，否則這群無辜的人怎麼會自白。

於是，檢警只有錯到底，對外則解釋說，喬所說的話不足採信！至於良心不安，那就顧不了了！

等到「不在場證明」曝光後，證明他們其實一直都知道傑利等人是無辜的，檢警因此名聲掃地。

政府出來善後的辦法是特赦傑利等人，沒有任何一個承辦員警被定罪，愛爾蘭共和軍的人員也未因本案被控訴。

傑利等人平白坐了十幾年的冤獄，如何彌補？難怪他們痛恨英國政府。

一般人的成見，常認為「被告會說謊」，因為被告有切身利害關係。在本案，同樣的邏輯也適用於檢警，檢警就跟一般人一樣，碰到利害關係時，公平正義的理念、職業倫理、多年的法律訓練，全都不管用，自己的前途要緊，十幾個無辜的被告在冤獄煎熬，算得了什麼？

這是人性的「經驗法則」，可悲而又真實！

五、警方的拘留權

1988年，英國恐怖主義防制法中警方可以拘留恐怖份子嫌犯七天的規定，被歐洲人權法院判決（Brogan v. United Kingdom）認定違反歐洲人權公約。

但是，英國政府仍然堅持繼續援用該法案。他們主張，依歐洲人權公約第十五條，簽約國面臨危及國家生存的緊急事故時，可以在必要範圍內削減其公約上保障人權的義務。北愛問題和愛爾蘭共和軍的恐怖主義已構成危及英國生存的緊急事故，警察的拘留權也是對抗恐怖主義的必要手段。1993年，歐洲人權法院判決（Brannigan v. United Kingdom）接受英國政府的主張，承認其恐怖主義防制法的規定，符合歐洲人權公約第十五條。

歐洲人權法院的判決頗受質疑。該判決使簽約國可以藉公約第十五條的規定規避公約義務；歐洲人權法院對所謂必要手段的審查，也被批評為不夠嚴格。

2005年倫敦爆炸案後，布萊爾政府就恐怖主義法案（Terrorism Act）提修正案，打算授權警方在正式指控具體罪名前，可以拘留恐怖份子嫌犯90天！引起激烈辯論，該修正案最終被下議院否決。但下議院仍決議將此一警察拘留期間，自原來的14天延長為28天，此修正案於2006年7月25日生效。面對恐怖主義的危害，幾百年來的屹立不搖的人權保障條款也遭受嚴重的侵蝕。

09「良相佐國」——宗教自由與緘默權

A Man for All Seasons

「良相佐國」——宗教自由與緘默權

有人認為地球是圓的；有人認為地球是平的。

如果地球是圓的，王命能使它變成平的嗎？

如果地球是平的，王命能使它變成圓的嗎？

想不到台灣這麼媚俗、偽善的社會還有這種人！

一方面也自問，我是學法律的，

對正義、公理的堅持、不畏犧牲，

可比得上他們兩位國中、高中畢業的基督徒？

這問題從未想過。是他們太迷信？

還是我心中的正義觀念，只是知識，談不上信念？

片名：**良相佐國（A Man for All Seasons）**

導演：佛瑞．辛尼曼

演員：保羅．史考菲

羅伯．蕭

得獎：奧斯卡最佳影片、最佳導演、最佳男主角、最佳改編劇本、最佳服裝設計、最佳攝影等六項大獎（1967）

這部三十年前的老片子經常在有線電視重播，雖是以宗教審判為主題的古裝歷史劇，但真正的好電影就是令人覺得歷久彌新。尤其故事涉及緘默權的起源、宗教與政治法律的衝突，也和國內「替代役」制度有關。怎麼說呢？且聽我道來。

故事背景發生於十六世紀初（四百多年前）的英國。西元1517年，德意志的馬丁路德公開批判販賣贖罪卷的羅馬天主教，掀起了宗教改革的風潮。英王亨利八世（1509~1547）為了維護羅馬教會的教義，寫了一本《七聖禮的辯護》（Defence of the Seven Sacrament）攻擊馬丁路德，因此被羅馬教皇授予「信仰護衛者」的榮銜。結果，歷史的弔詭卻使亨利八世成為宗教改革的主將，將羅馬天主教勢力驅逐出英國，創立英國國教。

亨利八世十八歲即位，體格健美，愛好文藝、運動，號稱賢明君主。但他意志頑固，誅戮功臣賢相，先後換了六次王后。他第一次與王后離婚就成為英國宗教改革的導火線。

亨利八世因為想與王后凱瑟琳離婚，另娶美貌宮女安布林，卻不能獲得教皇的許可，因而不顧教皇權威離婚，並進而掀起宗教改革。中世紀以降，教會、教皇的權威往往凌駕於世俗王權之上。表面上，這似乎是愛情的力量勝過宗教的權威，但骨子裡另有政治考量。

亨利八世與凱瑟琳成親其實是政治婚姻。十六世紀初，英國不過是歐洲的二流國家，凱瑟琳則是一流大國西班牙斐迪南二世的長公主，因此亨利七世令皇太子亞瑟與凱瑟琳成親，以提高英國的國際地位。

然而，亞瑟婚後五個月即去世，為了挽留凱瑟琳，亨利七世命二太子亨利（即亨利八世）娶哥哥的寡婦。凱瑟琳大亨利八世五歲，婚後五次懷胎，卻都夭折，只產下一女瑪利。

凱瑟琳的外甥於1516年即位西班牙王，稱為查理一世，1519年再兼任神聖羅馬帝國皇帝，改稱為查理五世，形成奧地利橫跨西班牙與德意志的哈布斯堡王朝。亨利八世熱切希望查理五世娶其女瑪利，但查理五世拒絕，娶葡萄牙公主為后，英國與西班牙因此不睦。

1525年，亨利八世轉而與法國締結同盟，以對抗西班牙。至此，亨利八世與凱瑟琳的政治婚姻已失去意義。所以，在1527年，亨利以其與凱瑟琳所生之子均夭折，沒有男嗣，是因為娶哥哥的寡婦違反聖經而得神罰，向教皇請求宣告婚姻無效。教皇克利蒙七世本來有意允許，但在神聖羅馬帝國皇帝查理五世的壓力下，拒絕同意。

於是，離婚問題轉變為英國與羅馬教會分離的宗教改革。如果查理五世娶了瑪利，恐怕亨利八世不敢與凱瑟琳離婚，英國的宗教改革也不會驟然發生了。

本片即是描述此一歷史背景下，英國教會的殉道者湯馬斯．摩爾的故事。湯馬斯爵士是舊教徒，也是當時知名的理想主義者，著有名著《烏托邦》（Utopia）一書。

片子一開始，亨利八世的親信大法官兼樞機主教渥爾西傳召湯馬斯爵士（保羅・史考菲飾），問他對王后不能生育，英王亨利八世急切求子一事有何看法？湯馬斯說，他會為國王祈禱奇蹟出現。

渥爾西挑明了講，國王要的是離婚。湯馬斯反問，當初國王聲稱為了國家，要娶哥哥的遺孀，請教皇予以赦免，教皇也同意了。難道現在又要教皇撤銷赦免嗎？

渥爾西對湯馬斯的頑固不化表示不滿，難道都鐸王朝兩代就要結束，英國因為沒有王位繼承人又要再度陷入戰亂？雙方沒有交集。

忠誠的渥爾西與教皇交涉失敗，1530年被亨利八世藉口叛逆罪加以逮捕，在執行死刑之際，突然病故身亡。

亨利八世（羅伯・蕭飾）任命湯馬斯繼位大法官（Lord Chancellor），這是英國最高的司法官員，兼任貴族院的議長、內閣成員，同時擔任上訴審的審判長，可謂位極人臣。

亨利八世深知湯馬斯素孚眾望、一言九鼎，而且為人威武不屈，不能硬逼他就範。因此，先以高官厚祿籠絡他，再進一步親率廷臣親信浩浩蕩蕩到湯馬斯家中拜訪。

國王對湯馬斯以朋友相稱，痛罵渥爾西，坦承與哥哥的遺孀亂倫，所生之子均夭折，是受天譴，內心痛苦至極，離婚改娶是逼不得已。湯馬斯望重一時，國王深表敬重，因此尋求其支持。羅伯・蕭的演出縱橫恣肆、軟硬兼施，又不失王者威儀，相當精彩。

沒想到湯馬斯在國王的咆哮下，恭敬表示反對立場，亨利八世憤而大叫：「不准反對！」而率眾離去。

湯馬斯夾處在教皇與國王之間，左右為難，於1532年辭職。亨利八世改而重用克倫威爾（Thomas Cromell, 1485~1540），採取一連串削弱教會權威的措施。

亨利八世利用貴族對教士階級的反感，以及鄉紳和市民垂涎教士特權和土地，召開七年的宗教改革會議（1529~1536），議會也通過一連串法律削弱、廢止教會的特權，切斷跟羅馬教皇的關係，尊英王為英國教會的最高領袖，迫使英國教會同意服從議會通過的法律等。

湯馬斯對此均沈默不表示意見，並拒絕參加國王與安布林的婚禮。但他的沈默卻成為國王的眼中釘，克倫威爾奉命迫使他屈服。

克倫威爾找人跟蹤湯馬斯打小報告，調查他擔任法官時有無收賄，卻發現他是難得的清官。克傳訊湯馬斯，向他表示，皇恩浩蕩，只要湯願意表態支持，所有權益均可恢復。但湯馬斯不為所動。

亨利八世為確立王權，誅除異己，要議會通過法律，規定所有臣民必須「宣誓」效忠，承認國王與安布林的婚姻，並承認國王與安布林所生之子嗣是王位繼承人，違反者可成立叛國罪。

湯馬斯不肯宣誓，被關入倫敦塔。國王派克倫威爾等人多次組成調查委員會，要湯馬斯解釋拒絕宣誓的原因，均不得要領。

湯馬斯在獄中被禁止看書、會見家人，連家人也被迫勸他屈服。湯馬斯在種種威逼利誘、軟硬兼施之下，均屹立不搖。

最後，克倫威爾以叛國罪名起訴湯馬斯。審判之際，克代表國王表示，即使到這個地步，如果湯馬斯願意懺悔，國王仍可原諒其罪行，湯依舊拒絕。

於是雙方在法庭激辯，湯馬斯雖處境不利，但辯才無礙，力挽狂瀾。克倫威爾不得已找了一位證人理查（劍橋大學畢業生，曾向湯馬斯謀職不果，後轉而投靠克倫威爾）做偽證。他做證說：

他曾赴倫敦塔探監，問湯馬斯：「如果議會通過法律，說我是英王，你會同意嗎？」湯馬斯回答：「是，我會同意你就是英王。」湯馬斯接著反問：「如果議會通過法律，說上帝不是上帝，則如何？」理查回答：「我舉一個中間的例子，如果議會立法說英王是教會的領袖，你接不接受？」湯馬斯答稱：「議會無權這麼做！」

湯馬斯堅決否認曾說過這句話。他「宣誓」表示，如果理查所言屬實，自己永不得見上帝。他如此宣誓，正表示他認為誓言乃是人對上帝的話語，如果他不在意誓言，也不至於淪落在此受審判了！他怎麼可能在長久的沈默之後，輕易向理查這種人吐露心意？

湯馬斯看穿理查為了當官做偽證出賣自己，以交換擔任威爾斯地區的司法部長。他質問理查，人若賺得全世界，賠上自己的靈魂，有什麼益處呢！

陪審團在克倫威爾的威勢下認定有罪。湯馬斯在宣判前的最後陳述表示，既已判罪，他要公開表明心志。他慷慨陳詞指出，國會的立法直接牴觸上帝與神聖教會的律法，這是救主耶穌對聖彼得及羅馬教皇所說的，世俗的法律亦不能與其牴觸，因此，不得要求任何基督徒遵從。教會的豁免權，則是英國大憲章及英王加冕誓詞所認可的。他無意為惡，但如果如此仍不能保命，也不願再偷生於世。

臨刑之際，他向劊子手說：「我原諒你，你是送我去見上帝。」

1535年，湯馬斯被斬首，頭顱被懸掛在牌樓上示眾一個月後，才被其女兒取下保管。五年之後，克倫威爾也以叛國罪處斬，安布林於1536年5月19日以通姦罪被處刑，隔天，亨利即與新寵妃西摩爾成婚。做偽證的理查後來繼任大法官，安享晚年。

本片由舞台劇改編，充滿英國貴族氣派的修辭、機警的對白，演技氣勢雄偉，全片氣氛莊嚴，是相當知識份子的電影[1]。

本片中有許多值得分析探討之處：

國會通過的王位繼承法案規定，安布林王后所生的子嗣可以繼承王位，這是議會與國王通過的法律，湯馬斯並不反對，但該法案前言說，國王與凱瑟琳的婚姻不合法，教皇無權認可此婚姻，這就挑戰了教皇的權威，調查委員會問湯馬斯是否同意？他沈默以對。是否不確定？他也不作答。

湯馬斯不肯宣誓，也不解釋原因。克倫威爾說，理由一定是叛國！嫻熟法律的湯馬斯反駁說，不一定，「可能」是叛國，這是合理的推測，但法律上要認定不能只憑推測，要有確切的證據。

湯馬斯的友人諾福克爵士，也是調查委員之一，勸他：

「大家都宣誓了，為了友誼，何不加入呢？」

湯馬斯反問：「當我們死後，你因為服從良心上天堂，我則因違背良心下地獄，你願意為了友誼，隨我下地獄嗎？」

克倫威爾責備他違背王命，湯馬斯反問：「有人認為地球是圓的；有人認為地球是平的。如果地球是圓的，王命能使它變成平的嗎？如果地球是平的，王命能使它變成圓的嗎？」

克倫威爾在審判時指控湯瑪斯拒絕宣誓，就是否認國王是英國國教的領袖。湯馬斯說，我從未否認，但對拒絕宣誓的原因，則保持沈默。全國的人都宣誓了，湯馬斯的沈默如何解釋，只有一個可能——那就是「否認」！

湯馬斯則說，不然！法律解釋的原則是「沈默表示同意」。

克倫威爾反問：「你期待世人如此解釋嗎？」

湯馬斯回答：「世人會依照理智判斷，法院則應依照法律判斷。」

平心而論，湯馬斯對其「沈默」的辯解近於詭辯。他的目的是在不違背信仰的原則下自保，在極端不利的處境仍艱苦奮戰，機智雄辯，氣勢如虹，以一人之力對抗政權壓迫，令人欽佩，但最後仍不免一死。時代巨輪碾過，多少無辜的生靈遭殃。專制時代，貴為大法官的湯馬斯爵士，連保持沈默的自由也沒有。當時因相同罪名處刑者，不計其數。

基督徒為了信仰，從一千多年前羅馬競技場徒手面對猛獸，至今流傳許多可歌可泣的故事。筆者雖非教徒，也深為感佩。

筆者服役時也遇上一件宗教與法律衝突的案例。

民國79年間，筆者在陸軍裝甲單位軍法組服役擔任書記官。有一天軍團打電話來說有件「抗命」案件，指派同單位軍法官支援擔任公設辯護人。我陪同前去接見被告，事先不知案情如何。

去了才知道，被告有兩位，都是基督徒，屬於「耶和華見證人」一派。因為宗教信仰，在部隊中拒絕穿軍服、不拿槍、不接受軍事訓練。看他們相貌，天庭飽滿，雙目炯炯有神，確實有宗教信仰堅定的氣概。學歷卻只有國中、高中異業。

他們引據《聖經・舊約・以賽亞書》二章二至四節：「末後的日子……，他們要將刀打成犁頭，把槍打成鐮刀，這國不舉刀攻擊那國，他們也不再學習戰事。」做為不拿槍、不受軍事訓練、不穿軍服的理由。我照他所說，記在筆錄上，心裡只覺匪夷所思，長這麼大，還沒聽過台灣也有這種事。

他們既然不受軍事訓練，何不乾脆逃兵，為什麼來部隊報到？他們說，雖然教義如此，但他仍有為國服務的義務，所以他願意到部隊中服務，只要與軍事無關，不管養豬種菜、煮飯掃地，他們都願意，就是不能與軍事有關，所以不能穿軍服。

他們強調這是個人對基督教義的理解和決定，教會沒有如此要求或鼓勵他這麼做，純屬個人決定。

部隊碰到這種人也是頭痛，先是各級幹部心理輔導，弄到最後沒辦法只有送軍法。總不能放任他不管，否則其他士兵怎麼帶？

依照陸海空軍刑法規定，軍中抗命可處無期徒刑或十年以上有期徒刑。一般而言，這種案件，軍法審判都會找理由減刑，判處七年有期徒刑。因為根據兵役法及兵役法施行法規定，判刑七年，服刑四年以上者禁服兵役，稱為「禁役」。這種人信仰堅定不移，勸也勸不聽，坐牢也不怕，多關無益，不如就判七年，讓他們服刑滿四年後假釋（他們在監表現都相當良好），不用再服役，也算法內施恩。

我忍不住問道，你們是為了個人信仰而坐牢，可能被判重刑，有些人偷、搶、殺人，都不一定判這麼重，會不會覺得法律對你們太不公平？畢竟你們沒有傷害別人。

他們平靜回答：「這是自己的決定，不怨任何人。」

更令人訝異的是，其中一位曾因相同原因抗命，判刑七年，結果服刑三年多未滿四年時，恰逢民國77年全國減刑，被放出來，因不符禁役規定，又接到通知前來回役，想不到他心意不變，仍然報到，仍然堅持不穿軍服、不拿槍、不受軍事訓練。

據說當時政府公布民國77年全國減刑時，軍監中人人雀躍，只有他有苦說不出。同監人犯都為他抱不平，減刑是政府德政，沒有例外規定，不要都不行。有的人犯氣不過，說：「來！我讓你打，只要再犯一條罪，多關幾個月，熬過四年就成了。」但被他拒絕，他說不能為了自己的信仰傷害別人！

接見完畢，回部隊路上，我心中反覆思量，一方面嘖嘖稱奇，想不到台灣這麼媚俗、偽善的社會還有這種人！一方面也自問，我是學法律的，對正義、公理的堅持、不畏犧牲，可比得上他們兩位國中、高中畢業的基督徒？這問題從未想過。是他們太迷信？還是我心中的正義觀念，只是知識，談不上信念？

該案正式審判時很妙，被告是基督徒，擔任公設辯護人的軍法官是基督徒，主審軍法官也是基督徒。公設辯護人引用憲法第十三條：「人民有信仰宗教之自由」為理由辯護，被告搬出《聖經》說明「犯罪動機」，主審軍法官也就《聖經》教義與被告爭辯，直斥被告誤解《聖經》教義，法庭成了宗教論壇。

判決結果各判七年。我私下連絡當時任職於新新聞雜誌擔任記者的老友曹以會，請他採訪這個新聞。後來《新新聞》刊出的採訪報導，標題是：「神啊！請讓我一次關滿四年吧！」根據他的報導，這種案件不在少數。判刑坐牢對這些宗教信仰堅定的良心犯一點嚇阻作用也沒有。

臨退伍前半年，政府突然又宣布要辦減刑——80年全國減刑，不到三年辦了兩次全國性減刑，明眼人都知道為什麼。當時，筆者只想到完蛋了！那位回籠的基督徒，這下要三度抗命，再入監牢了！

所幸後來通過的減刑條例中規定，民國77年已經減過後再犯罪者，這次不能再減。終於可以逃過減刑的「恩典」，讓人替他鬆了一口氣。

這種案件不在少數。「耶和華見證人」美國總部也派人來台，協助部分被判過刑的教徒聲請大法官解釋相關法規是否違憲。「信仰自由」是憲法保障的基本權利，「依法律服兵役」則是憲法規定的基本義務（憲法第二十條），兩者有衝突時，如何化解？

結果，大法官釋字490號解釋，認為不違憲。

為避免此種衝突，歐洲很多國家在憲法或法律上規定，人民可基於宗教信仰或良心上的理由拒服兵役，法律上另設社會役（如警察、郵差、社工等工作）供其選服。民國89年政府終於建立替代役制度，規定可因宗教因素申請服替代役。這些基督徒終於可以不用面對「宗教信仰」或「抗命坐牢」這麼嚴酷的試煉了。

民國86年底，刑事訴訟法增訂緘默權的規定（第九十五條）。其實緘默權的起源與宗教改革、宗教迫害、宗教審判有密切關係，尤其要扣緊當時基督教對「宣誓」的態度。基督教十誡中第三條規定：「不得妄稱上帝之名。」在當時的宗教氣氛下，如果被告宣誓以後為了避免被定罪而做偽證，就違反了神的誡命，因而危害被告的靈魂。

因此，當時認為，要求被告就自己的刑事審判宣誓作證，是把被告的靈魂拿來試煉，其強制性與嚴刑拷打無異，甚至有過之。片中湯馬斯爵士拒絕宣誓表態，也是基於類似原因[2]。

---

1. 本文有關故事背景之說明，參考許介麟著，《英國史綱》一書，第七章「宗教改革」，謹此誌謝。
2. 「緘默權」的歷史發展相當有意思，有興趣的讀者，可參考拙著「緘默權？」一文，收錄於《最好與最壞的時代——當代司法與人權評論》。

10「勇者無懼」
——奴隸制度與美國最高法院

Amistad

「勇者無懼」——奴隸制度與美國最高法院

（美國）制憲時接受奴隸制度，

這部憲法自始就是有瑕疵的。

如今的憲政發展，

不應歸功於制憲先賢，

而應歸功於那些拒絕盲從過時的『自由』、『正義』、『平等』觀念，

更致力於提昇這些觀念的人。

真正的憲法奇蹟，不在於憲法的誕生，

而在於憲法的生命。

片名：**勇者無懼 （Amistad）**

導演：史蒂芬・史匹柏

演員：摩根・費里曼

安東尼・霍金斯

馬修・麥康納

本片是美國法律史上沈埋已久的真實案例，藉由一艘奴隸船上的叛變及後續的審判，可以檢視奴隸制度以及美國司法面對重大政治爭議時的角色。好萊塢雖然「好心」把本案搬上銀幕，但通俗劇的表現方式簡化也美化了歷史現實，真相遠比電影複雜，而且沈重。

1839年，一艘西班牙籍的奴隸船「亞美士達」號在公海上發生叛變，掙脫束縛的黑奴殺死船員，只留三名活口駕駛，結果，船隻漂到美國康乃狄克州外海被美國海軍發現，四十幾名黑奴被捕入獄，在聯邦地方法院受審。

當時是南北戰爭（1861～1865）前，美國境內有三、四百萬個黑奴人口，北方廢奴的呼聲高漲，造成南、北各州之間的高度緊張。廢奴主義者出面營救這群黑奴。南方各州也擔心本案對黑奴叛變有鼓勵作用，而當時的美國第八任總統馬丁・馮布倫正在爭取連任，不敢得罪南方蓄奴勢力。芳齡十一歲的西班牙女王也透過外交途徑表達關切。以上種種，使得本案一開始就籠罩高度的政治色彩。

開庭首日，檢察官主張起訴罪名是「海盜」及「謀殺」，代表黑奴的廢奴主義者則辯稱被告是被非法拘禁，叛變、殺人只是緊急避難不得已的作法。美國國務卿突然出現，聲稱自己為總統代表西班牙女王出庭，主張根據兩國間的海上公約，被告（黑奴）是西班牙的財產，應予返還。捕獲該船的兩名美國海軍軍官也出面主張，依海事法規規定，對遇難船舶撈救有功，可以請求三分之一的報酬。三名未死的西班牙船員，則拿出一張在古巴哈瓦那開出的收據，證明這群黑奴是船上的貨物，是他們的財產。

一個案子出現五名當事人，有西班牙女王、海軍軍官、奴隸販子、黑奴、檢察官等，訴訟上的主張有刑事（海盜、謀殺、緊急避難），有民事（財產權、海事法規、國際公約），法庭上熱鬧非凡，讓人眼花撩亂，法官也傻眼了。其實還有第六名當事人——幾個長島地區的居民，也主張協助撈救有功，提出類似上述海軍軍官的請求，但電影將此部分刪除。

廢奴主義者路易士和狄奧多（摩根．費里曼飾），找了一個專辦房地產的律師羅傑．鮑德溫（馬修．麥康納飾）承辦此案，路易士和狄奧多擔心如果西班牙女王勝訴，這批黑奴勢必被處決；海軍軍官勝訴的話，也會把黑奴賣給西班牙；如果檢察官和奴隸販子勝訴，他們的下場也可想而知。

羅傑對本案的法律分析卻很簡單，依照當時的法律規定，只有天生的黑奴（黑奴所生之子女亦為黑奴）才可被買賣，如果他們不是天生的黑奴，那麼他們就是被非法運送的「贓物」，自然沒有請求返還的問題。反之，如果他們是黑奴，黑奴在法律上是貨物，是「財產」，相當於牲口，就像一頭牛、一匹馬，你怎麼能對一頭牛或一匹馬進行刑事審判？

路易士對羅傑的分析大感駭異，他們是人，不是牲口！廢奴的精神就是要把黑奴當做人來對待，如果在訴訟上主張他們是貨物、是牲口，豈不自失立場！律師冷酷的法律分析在法庭上也許有意義，但是廢奴是基督徒的職責，想想看，耶穌受審判時會找一個律師來替他鑽法律漏洞，以逃過釘十字架的命運嗎？

「結果耶穌贏了訴訟嗎？」羅傑反問：「他輸了，不是嗎？」

路易士說：「不，他沒輸，他釘上十字架，目的在宣揚真理！」雙方沒有交集。

這群黑人不會聽、說英文或西班牙文，完全無法與羅傑等溝通，對案情毫無幫助。羅傑在法庭上盡力演出，如果真如檢方或奴隸船船員所說，他們是出生於古巴的黑奴，怎麼可能連最簡單的「起立」、「坐下」都聽不懂？難道奴隸主不需要與他們溝通？

羅傑的表現雖然令人印象深刻，但卻提不出證據證明他們不是黑奴。於是羅傑上亞美士達號蒐證，幸運找到該船的「貨物」清單。原來，這批黑人是西非獅子山（Sierra Leone）國的人民，被聲名狼籍的葡藉奴隸船「特克拉」號捕獲、出售，運送到西印度群島。獅子山是英國屬地，首都名為自由港（Freetown），早已禁止奴隸交易，他們確實是被非法拘禁。「貨物」清單證明他們是購自特克拉號。

眼看勝訴在望，沒想到馮布倫總統擔心南方反彈，出面干預，決定撤換法官（怎麼做？電影中沒有清楚交代，美國聯邦法官受終身職保障，非經彈劾，不得免職，所以可能是用另行任命予以調職的方式），重新任命一位年輕的法官，因為年輕，通常會顧慮未來發展，不敢不聽話，自毀前程。

羅傑等無計可施，只好求助於約翰・昆西・亞當斯（安東尼・霍金斯飾），亞當斯律師是前美國總統、現任國會議員，也是知名的廢奴主義者。亞當斯拒絕接案，但是他向羅傑提示訴訟技巧——了解當事人的故事，通常最能呈現人性化故事的一方，會在法庭獲勝（剛出道的律師應該謹記此點）。

羅傑等人於是設法找到通獅子山當地土語的人擔任翻譯，與被告等溝通。黑人辛克在法庭娓娓述說如何被捕獲、出售，交運到奴隸船的過程，慘無人道的待遇，令人動容，是片中最有力的一段情節。

法官判定他們確實生於非洲，因此下令以「非法販奴」之罪名逮捕西班牙船員，被告等則立即釋放。不料，馮布倫總統不肯罷休，全案一直上訴到最高法院。最高法院中有七名大法官是南方出身的奴隸主，立場恐怕難保公正無私。亞當斯終於同意親自出馬，在最高法院為被告辯護，他訴諸制憲先賢倡導人人自由、平等的原則，提出有力的辯護。

結果，最高法院判決這批黑人並非奴隸，而是自由人，因此並非「貨物」，不適用美、西兩國間的公約，應立即釋放。

結局，馮布倫總統競選連任失敗，英軍找到奴隸交易商的巢穴，徹底予以摧毀。辛克等人在廢奴主義者的協助下回到故鄉獅子山國。

本片維持史匹柏的一貫風格——佐料十足的感傷主義。今天的美國社會，在洛杉磯種族大暴動，以及辛普森殺妻案之後，種族關係仍是嚴重難解的問題。美國有影評人表示：任何看過本片的白人，如果仍然覺得，該是忘掉過去的罪惡向前看的時候，應該與非裔美國人（這是目前美國政治正確的說法，因為以膚色稱呼黑人既不精確，也暗含偏見）一起再看一次，然後互相討論感受。

本片有許多值得探討分析之處：

一、歷史真相

本片是真實案例「改編」的，電影漏掉了許多重點：

1. 亞美士達號上另有一名合法的黑奴，名為安東尼奧（Antonio）。他被判決應返還在古巴的奴隸主。因為證據顯示他生於美洲，是奴隸之後。好萊塢不想讓人知道這一個黑奴的噩運。觀眾上電影院是為了找樂子，誰想在看完電影後，疑慮這名黑奴的下場怎麼了？「圓滿的結局」是好萊塢的律法。但是，當時美國境內三、四百萬個黑奴又怎麼說呢？

2. 最高法院的判決是在馮布倫總統競選連任失敗之後才宣布的，迴避掉司法與總統的正面衝突。

3. 聯邦地院原來判決，美國政府應負責運送辛克等人回國，理由是檢方自己主張辛克等人非法將奴隸船駛入美國領海（構成「非法奴隸交易」）。後來檢方撤銷此一主張，最高法院的判決也指出這種主張太荒謬，奴隸自己怎麼可能構成「非法奴隸交易」的罪名？因此最高法院只判決釋放被告。沒有美國政府的協助，廢奴主義者花了一年才安排好將辛克等人送回獅子山。

4. 約翰・昆西・亞當斯在最高法院的言詞辯論替被告辯護，發言長達八個半小時。當時美國最高法院對於言詞辯論並無時間限制，內戰以前，最高法院的言詞辯論有時可進行數天之久。如今，除非特別重要的案件，否則一般原告、被告雙方發言時限為三十分鐘。

四十幾名被告的性命攸關，八個半小時算不算多呢？去年，美國奧克拉荷馬市聯邦大樓爆炸案審判時，被告辯護律師在言詞辯論時的發言時間，據報導是十二小時。

我國最高法院原則上不開庭辯論，高院、地院的辯論也往往流於形式，筆者執業以來，還沒看過有律師言詞辯論講超過四十分鐘的。

有一次，筆者受律師公會指派為一名死刑犯義務辯護，結果言詞辯論時，高院一名陪席法官竟在椅子上閉目養神，審判長則冷淡地說：「注意時間，不要講太多。」（當天還有很多案子排在後面待審）。面對這樣的審判態度，心中深感悲涼，律師講什麼有什麼用呢？

二、奴隸制度與美國憲法

美國獨立宣言雖然宣稱：「所有人生而平等」，其中的「人」，顯然不包括黑奴。獨立宣言的起草人傑佛遜本身就是奴隸主。但遠見的傑佛遜在美國制憲前就針對奴隸制度寫下這樣的話：「我確實為我的國家而戰慄，想到神是公正的，神的裁判不可能永遠沈睡，屆時全能的神不可能站在我們這一邊。」

美國憲法本文，雖然沒有「奴隸」（slavery）一詞，但很明確保障奴隸制度。憲法第一條第二項在計算眾院的代表權數時，規定各州奴隸人口以五分之三計算；第一條第九項限制國會在1808年前不得立法禁止與非洲的奴隸貿易；第四條第二項明定，脫逃至外州的黑奴應解交給原奴隸主。修憲應有四分之三的州同意的規定，也確保南方可以擊敗任何廢奴的修憲案。

依照十九世紀憲法解釋的通說，聯邦政府無權干預蓄奴州的奴隸制度。

1865年，南北戰爭結束，死傷超過百萬人後，憲法第十三條修正案才廢除奴隸制度。廢奴之後，種族平等並未實現。南方各州仍透過各種立法、行政、司法手段壓迫黑人，直到五〇、六〇年代的民權運動，在最高法院首席大法官華倫領導推動下，透過許多違憲審查的判例，才逐步落實法律上的種族平等保障。

奴隸制度的不義，以及種族平等，今天看來如此天經地義，但從主張廢奴，到內戰，到落實種族平等，這一條漫漫長路，走了一百多年，其間充滿多少辛酸血淚。

美國第一位黑人大法官瑟谷·馬歇爾（Thurgood Marshall, 1908~1993），在各界熱烈準備慶祝1989年美國制憲兩百年紀念時說：「制憲時接受奴隸制度，使這部憲法自始就是有瑕疵的。如今的憲政發展，不應歸功於制憲先賢，而應歸功於那些拒絕盲從過時的『自由』、『正義』、『平等』觀念，更致力於提昇這些觀念的人。真正的憲法奇蹟，不在於憲法的誕生，而在於憲法的生命。」（1987，哈佛法律評論）這對國內關心人權發展、司法改革的人士，是絕佳的啟示。

三、奴隸制度與美國聯邦最高法院

本片，最後辛克等黑人勝訴，不是因為最高法院主張廢奴，而是因為他們根本不是黑奴。最高法院——這個正義的最後一道防線，對奴隸制度的態度究竟如何？

事實上，從最高法院成立到1861年南北戰爭前夕，最高法院一直充斥出身南方的大法官，與雖出身北方但支持奴隸制度的民主黨人。最高法院的判決幾乎一面倒保障奴隸制度，否定廢奴主張。追尋自由的黑人在最高法院面前得不到同情，奴隸主的主張則幾乎全部勝訴，只有極少數的例外。

即使在南北戰爭後，最高法院對種族平等，黑人民權的保障，也比不上戰前維護奴隸制度的成效。在兩百多年的最高法院歷史上，真正積極保障人權的時期，其實是相當晚近的事，主要是五〇、六〇年代華倫法院階段（這已成為「傳奇」）。後來的最高法院也逐漸保守，甚至逐步削弱華倫法院時期所創下的一些保障人權的判例（如「證據排除法則」）。

最高法院有關奴隸制度最重要的判例，是1857年德瑞・史考特一案（Dred Scott v. Sandford, 1857）。

該案背景如下：從1789年制憲前後，南方蓄奴州與北方自由州的勢力大致平衡，事實上，蓄奴州的幅員一直比較大。但隨著西部開發，平衡逐漸被打破，西部的氣候、土地不像南方適合種棉花發展農業，不需黑奴的勞動力，不適於奴隸制度的擴展。因此，南方各州逐漸擔心聯邦政府受廢奴主義者操控，奴隸制度漸受侵蝕。

南北爭執的焦點在於：西部新增的州如何定位——蓄奴州或自由州？雙方在1820年達成和解，國會立法通過所謂的「密蘇里大和解」（Missouri Compromise），接納密蘇里州為美國的一州，是蓄奴州，但密蘇里以北的廣大土地，時稱密蘇里領地（Missouri territory），屬聯邦管轄，則禁止蓄奴。

南北雙方各有斬獲，南方新增一奴隸州，北方則取得南方的讓步，承認國會可以在西部新增的領土禁止蓄奴。

德瑞・史考特是屬於一名軍醫的黑奴，曾隨該軍醫駐守於自由州伊利諾及密蘇里領地，他在軍醫死後，向密蘇里州法院起訴主張自己已成自由人。依照密蘇里州1824年判例所創下的原則——「一旦自由，終身自由」(once free, always free)，他在禁奴的伊利諾州已成為自由人，即使後來回到密蘇里州，也無損其自由人的地位。

沒想到密州最高法院推翻判例，駁回德瑞的請求。他轉向聯邦法院請求救濟，最後案子到了最高法院。

當時南北各州的衝突日漸升高，本案也因此成為各方矚目的焦點。判決不但駁回德瑞・史考特的請求，擁奴的首席大法官譚尼（Taney）主稿的判決理由更打破眾人眼鏡：

1. 譚尼認定國會立法通過的「密蘇里大和解」無效。理由是，奴隸是合法的財產，密蘇里領地禁奴，使得奴隸主的財產權被剝奪，違反憲法第五條正當法律程序的規定。

換句話說，奴隸就像牲口，「牛牽到北京還是牛」，德瑞・史考特既是奴隸，到那裡都是奴隸。

2. 聯邦無權立法限制奴隸制度，即使在聯邦管轄的領地內也不行。各州有權自行決定其轄區內居民（包括黑奴）的地位。

3. 德瑞・史考特並非美國公民，無權在聯邦法院起訴。譚尼解釋制憲者的本意（"original intent"），即使居住在北方具有自由人身分的黑人，也永遠不可能成為美國公民（可以是州的公民，由各州自行決定），因而不能享有美國憲法保障的公民權益（包括在聯邦法院起訴的權利）。

譚尼的理由是：「黑人並不在憲法中『公民』一詞的涵蓋範圍內，因而不能主張任何美國公民依憲法所享有的權利或特權。相反地，制憲當時（1787年），他們被認為是從屬、次等的種族，受制於支配的種族，不管後來是否被解放，仍受制於支配種族。除了有權者與政府決定授予他們的權利或特權以外，別無任何權利或特權可言。」

很難想像這是號稱「憲法守護神」、「人權捍衛者」的美國最高法院的判決吧？

可悲的是，這是最高法院在馬歇爾大法官創立司法審查（judicial review，法院可以審查法令是否合憲，由馬歇爾大法官在Marbury v. Madison, 1803一案所創設）後，首度行使司法審查權，認定聯邦法律違憲，距第一次司法審查已超過半個世紀。

更諷刺的是，這是最高法院第一次採用「實質正當法律程序」（substantial due process）的原則，用來保障「人權」。只是保障的是白人奴隸主的「財產權」，而非黑奴的「自由權」！

判決一出，引起各方激烈反應，廢奴一方的努力可以說被全面擊敗，他們惟恐最高法院下一步就要使奴隸制度在全國各地都合法化。本來政治上無解的難題，期望由最高法院公正的權威來化解，結果最高法院卻用概念邏輯把問題推向另一個極端，於是任何妥協都不可能，最終把南北雙方推向兄弟鬩牆的內戰。

本案是美國憲法史上最重要的判例之一，「實質正當法律程序」的過度擴張解釋，造成一場死傷百萬人以上的內戰。美國憲法學者認為，此一判決是最高法院史上最糟糕的判例，經過南北戰爭才予以推翻。

內戰之後制定的憲法第十三條修正案廢除奴隸制度，第十四條修正案則宣示，不分膚色，所有在美國出生的人民均為美國公民。德瑞·史考特本人不幸在1858年即已逝世，無緣享受自由的滋味。

本案給我們許多啟示：

1. 打破神話——美國最高法院沒有那麼崇高、偉大，大法官的判決有時只是反映特定的意識形態、政治風向，或統治階層的利益而已。

2. 從法學方法論的觀點來說，司法審判認定事實、解釋法律，不是計算題，沒有標準答案。相信法律、司法具有像經驗科學一般的客觀性、科學性的人，不是外行，就是太天真了。在法律規定不夠明確，難以直接適用的場合，法官個人的價值判斷無可避免。而此種價值判斷常是來自於法官個人的出身背景、意識形態……等，只是偽裝在權威性的法律語言背後而已。

3. 美國有長達一個世紀以上的「奴隸法學」，德國有違反人道的「納粹法學」、共產國家有「社會主義法學」，我國其實也曾有「戒嚴法學」與之互相輝映。以追求正義自許的法律人或者甘心被利用，或者無奈屈從，或者挺身反抗，實為時代悲劇。

德國法學大師卡爾・拉倫茲（Karl Larenz）創建法學方法論的皇皇鉅構，令人仰之彌高，但納粹一來，也幫著發表有利納粹法學、法令的言論。這是做為法律人的無奈？還是他的方法論根本只是法律技術，可以被獨裁政權利用的法律技術？這段學術史到最近才被提出來檢討，並引發法學方法論的根本反省。德瑞・史考特一案的判決正印證了，法律人可以用嚴密精巧的法律論證，達到徹底邪惡的結論。

加拿大在1982年制定具有憲法效力的人權憲章，其最高法院也積極以判例提昇人權保障的標準。不過，據卑斯省大學法律系專研人權的憲法教授告訴筆者，美國最高法院判例並不是他們主要的參考對象，因為其中大多是負面教材。他們反而比較多參考戰後歐洲，尤其是歐洲人權法院的判例。

我國大法官釋憲至今已有五十幾年，歷史會如何評價大法官釋憲的功過呢？

11「捍衛總動員」——證據排除法則

Mistrial
「捍衛總動員」——證據排除法則

執法人員違法取得之證據，

不能提出於法院做為對被告不利的證據。

因為違法搜索、扣押本身，已侵犯被告人權，

如果容許其提出做為對被告不利之證據，不啻變相鼓勵警方違法。

證據排除的代價是——證據被排除後，

壞人可能會因為證據不足，無法定罪，得以逍遙法外！

司法改革的推動力，

往往來自具體案例的慘痛教訓，

背後隱藏多少當事人的苦痛。

每一條進步的人權條款，背後都是斑斑血淚！

片名：**捍衛總動員 （Mistrial）**

導演：海衛．古德

演員：比爾．普曼

本片是一部精彩的法律批判電影，以保守派的觀點批判證據排除法則（exclusionary rule）。二十世紀美國的法律發展，常常是自由派、保守派對抗形成的軌跡，自由派不見得完全對，保守派也不必然一定錯，兩者各有其堅持的價值理念與思考邏輯，難以妥協，但均有可觀之處。

這幾年，國內有關證據排除法則的討論相當熱烈。最高法院繼部分地院法官之後，也出現相關判決，例如民國87年度台上字第四〇二五號認為：「通訊監察如非依法定程序而有妨害憲法第十二條所保障人民祕密通訊自由之重大違法情事，且從抑制違法偵查之觀點衡量，容許該通訊監察所得資料作為證據並不適當時，當應否定其證據能力。」

民國92年2月大幅度修改刑事訴訟法，尤其是證據法則，第158-4條規定：「除法律另有規定外，實施刑事訴訟程序之公務員因違背法定程序取得之證據，其有無證據能力之認定，應審酌人權保障及公共利益之均衡維護。」明文承認證據排除法則。

不過，本條規定採取的法益均衡維護，與美國證據排除法則對違法取得證據絕對排除的做法，迥然不同。本片可以幫助我們了解美國證據排除法則的實際適用情形。

片子一開始，兩名年輕警員，一男一女，接獲報案，某一廢棄大樓內有毒販出入。兩人驅車前往，結果卻在大樓內慘遭殺害。兩人在腹部及前額均各中一槍，類似行刑的手法，很明顯是被設計的陷阱。

唐納修警探（比爾・普曼飾）奉派承辦此案。現場附近逮到一名小毒販威利，威利卻拒絕合作，不肯透露當晚看到什麼人在現場出入。

唐納修拜訪被害女警朗達的母親，發現：朗達與前夫艾迪之間有爭執。倆人原為青梅竹馬的小愛侶，高中畢業就私奔結婚。朗達後來決心當警察，艾迪卻要她當家庭主婦，爭執不下，最後朗達選擇警察，放棄家庭。艾迪不斷寫信、打電話來騷擾，上個禮拜，突然打電話來，把所有的信件要回去。

艾迪是一知名反警察暴力團體的激進份子，在當地小有名氣。上級要唐納修找艾迪談，但要慢慢來，審慎處理。

唐納修是個聰明的警探，面對同僚慘遭殺害的血案，痛心憤慨。他故意在凌晨三點打大哥大電話給艾迪，要他在一小時內到警局問話。艾迪起身收拾，揹了一個小背包出門，卻在公寓樓梯間碰上等在哪裡的唐納修。唐納修問艾迪要去哪裡，艾迪假意說去警局報到，卻出手攻擊唐納修。兩人扭打成一團。艾迪逃回公寓，拔槍攻擊，艾迪的現任妻子與弟弟也衝出來幫忙，黑夜之中，唐納修寡不敵眾，在緊張慌亂下，誤殺了艾迪的妻子與弟弟。

此事引起軒然大波，警方辦案不慎誤殺兩條人命，遭輿論一致嚴厲譴責！尤其，艾迪本身是反警察暴力團體的成員，更使雙方對峙情勢升高。

唐納修在四年前也曾槍殺一名殺警嫌犯，雖然調查結果證明他並無任何執法、用槍不當情事，但媒體大肆炒作，群情激憤，到處示威抗議，唐納修被指為濫用職權，比歹徒還狠的暴力警察。

唐納修在艾迪的小背包中搜出一堆他寫給朗達的信件，信的內容相當聳動，他命朗達回到他身邊，「如果我不能得到妳，誰也別想得到！」。艾迪身上搜出的槍和子彈，也證明與殺死朗達及另一名警員的彈道吻合，證據相當充分。

唐納修被命交出警槍，暫時停職，等艾迪殺警案的審判結束後，警局會舉行聽證會調查他誤殺艾迪妻、弟的責任。

沒想到，艾迪殺警案的承審法官認為唐納修取得的信件、槍彈等證物是違法搜索而來，不得提出於審判中做為證據。小毒販威利原本在列隊指認時，指出艾迪就是案發當晚進入犯罪

現場廢棄大樓的人。可是，威利本身的販毒案也因違法搜索，證據被排除，而撤銷控告。沒有被控訴的危險，威利就拒絕出庭作證指認艾迪。檢方的關鍵證據一一被排除。

缺乏關鍵證據，審判變成唐納修可信度的考驗。唐納修詳述破案經過，艾迪如何突然攻擊他；辯方律師則大肆攻擊唐納修執法不當，艾迪拔槍是為了自衛，因為唐納修要殺他（這在紐約布魯克林可以理解），甚至指稱證據是唐納修栽贓。媒體也說，這是一場殺警凶手或警察殺手（cop killer or killer cop）的審判。

宣判之前，警方如臨大敵，抗議團體要遊行到法院，如果宣判有罪，恐怕發生暴動。記者在法院入口攔住法官問：「法官，您認為本案，正義能獲得伸張嗎？」法官回答：「我不知道，是你們搞出這場馬戲表演的，你告訴我好了！」

結果，艾迪被判無罪。媒體蜂湧而上，艾迪在法庭內發表聲明：「這是每位被誣控、被警察暴力侵害者的勝利，這不只是我個人的案子，陪審團明確表達，他們受夠了把警徽當成殺人執照的警察！」辯方律師透露，他們私下調查唐納修誤殺艾迪妻、弟的情形，已把報告交給州檢察官，檢方正考慮要起訴唐納修。

此時，唐納修突然對空鳴槍，出手劫持法庭。他留下被告、陪審團、法官和一名電視台攝影師，把律師和其他人轟出去。

他要求警方把原先被法官排除的證據送過來，手槍、子彈、信件、驗屍報告等物證，還要警方把小毒販威利帶來。

唐納修大聲疾呼，「送證據進來，趕律師出去」，陪審團完全被謊言和法律術語騙了！他自己扮演檢方，同時指揮訴訟，重審此案，過程透過攝影師在電視上轉播（有點像陳進興劫持南非武官家人），這是全片最精彩的部分。

於是，唐納修一一提示證物，與艾迪辯論。

他質問陪審團為何不相信他沒有栽贓？一名陪審員說：「法官說，我不用相信，我只要懷疑（你有栽贓）就夠了！」

他質問法官為何排除證據？寧願讓壞人逍遙法外，也不讓警察違反規定執行職務？法官回答：「根據訴訟程序及證據法，法治的原則比個案正義重要。」唐納修不能接受。

威利也被警方帶來，雖然艾迪反駁當時是深夜，威利一定

在嗑藥，不可能看清楚，一定得了警方什麼好處，但威利仍明確指認艾迪當晚有進入犯罪現場。

警察局長嘗試說服唐納修棄械投降，唐納修不肯，艾迪勝訴，媒體大眾又把他描繪成野獸刑警，他受盡醜化和侮辱，接下來還要面對訴訟，不但失去工作，還要支付龐大的訴訟費用，他已無退路。

警方決定攻堅，突擊小組卻拒絕動手，他們不願射殺自己的同僚，也認為審判不公，唐納修確實受到委屈。

唐納修扮演檢方，向陪審團結辯。本案犯罪動機是非理性的激情、嫉妒，有信件為證；有犯案凶器：手槍和子彈；有證人：威利看到艾迪在現場；艾迪企圖逃跑、攻擊唐納修，很明顯是心虛，無辜的人怎會如此？這些不是充分的證據嗎？

但是，關鍵證據全被排除，只剩唐納修本人的證詞，而陪審團認為唐納修栽贓、說謊！難道唐納修故意殺死兩名警員，以便栽贓給艾迪？太荒唐了！

陪審團在唐納修的槍口下，重新討論，改判艾迪有罪。

最後局長動之以情，多少警察同仁拒絕服從命令攻堅，這項紀錄會一輩子跟著他們，前途受阻，唐納修終於棄械投降，留下一座空洞的法庭，其中迴盪著唐納修的痛切陳詞。

本片對白精彩，編劇手法圓熟，正所謂情理之中，意料之外。劇情雖然煽情，但演員表現自然而有說服力，確實是好看的佳片。

美國證據排除法則——理論與歷史

本片的核心問題是證據排除法則。證據排除法則有太多理論與實務的爭辯，美國從本世紀初開始逐步採用，適用範圍逐漸擴大，由聯邦到各州。七〇年代以後，保守勢力日增，美國最高法院又透過判例創造許多例外，限制該法則的適用範圍。自由派與保守派，就理論與實證，爭辯不休，迄無定論。

本文當然無法詳論其中曲折，只能針對與本片相關之處，提示重點。

美國證據排除法則的目的，是「嚇阻」，執法人員違法取得之證據，不能提出於法院做為對被告不利的證據。因為違法搜索、扣押本身，已侵犯被告人權，如果容許其提出做為對被告不利之證據，不啻變相鼓勵警方違法。

採用證據排除法則的代價是——證據（尤其物證）被排除後，壞人可能會因為證據不足，無法定罪，得以逍遙法外！這也是保守派認為最荒謬的地方，警方違法應予制裁，可課以刑責、懲戒或命其賠償被告，怎麼會用「讓壞人逍遙法外」的方式，來制裁警方違法行為？

然而，美國實證研究顯示，因證據排除法則而無法定罪的案件比例不高，有的說百分之二；有的說百分之三、四。保守派所擔心的——「警方縛手縛腳，社會變成犯罪天堂」，並未成為事實。一般而言，美國法官在適用證據排除法則時，也相當審慎，不輕縱人犯。但是，偶有一、兩件大案子因證據排除法則而無法定罪時，仍不免造成社會人心動盪，質疑司法對維護治安的警察太嚴苛，卻對歹徒太寬縱。

另一方面，保守派所提的替代制裁方法——刑責、懲戒或民事賠償等，實證經驗也證明沒有效果。檢警不願辦自己人，官官相護；歹徒自己官司纏身，也沒有幾個有錢有閒去告警察，何況多數陪審團對壞人沒好感，也很願意放警察一馬。

七〇年代，尼克森總統任內，提名任命多位保守派大法官。1974年美國最高法院判例（United States. v. Calandra, 1974）即強調，證據排除法則不是被告憲法上的權利，只是法官造法用以解決警方違法取證的方法之一。目的既然是「嚇阻」，那麼，就必須就個別程序之性質衡量「嚇阻效益」與「社會成本」，以斟酌是否適用證據排除法則。即改採「成本效益分析法」。該案即據此判決認為證據排除法則不適用於大陪審團之程序。

儘管當時一般以為，最高法院既已轉向，遲早會主張「嚇阻」效果不彰，而廢除證據排除法則。不過，既缺乏有說服力的實證研究資料支持；而如前所述，替代制裁方法又無實效，最高法院終究沒有廢除該法則，只是創設許多例外，大幅限縮該法則的適用範圍。

以上是美國的證據排除法則。在此順便澄清兩點國內法律界常有的錯誤觀念：

1. 證據排除法則不是「英美法」的傳統觀念，更不是英美法專有的觀念。

上述證據排除法則在美國的歷史發展，始於本世紀初（Weeks v. United States, 1914），是美國法的特產，其他英美法系國家並沒有同樣的法則。相反地，英國普通法的傳統原則是，證據取得之方式違法，絲毫沒有影響，只要與案件有關連性，即可提出做為證據。1861年時，一位英國法官甚至說「你怎麼弄到證據都沒有關係，即使是偷來的，仍可做為證據！」可見，「證據容許法則」才是英美法傳統。

英國在二十世紀，間或有少數判例認為，如果容許違法取得之證據會造成審判不公，法官有裁量權可排除該證據。這與美國的證據排除法則不能相提並論。一方面這種案例不多，「證據容許」才是原則，排除是少數例外；而且，證據之排除由法官裁量，而不像美國是強制、當然排除。

1984年，英國制定警察與刑事證據法（Police and Criminal Evidence Act），該法第七十八條才立法明定，如法院斟酌全盤狀況，包括證據取得之情形，認為容許證據將有害於程序之公正，則法院應禁止提出該證據。至此，傳統的證據容許原則，才有立法明文突破。但在適用上並非強制、當然排除，與美國不同。

同屬英美法系的加拿大，則於1982年通過具有憲法效力的權利與自由憲章（Canadian Charter of Rights and Freedoms），其第二十四條第二項規定，如法院認定證據之取得侵害本憲章所保障之權利或自由，且斟酌全盤狀況後，認為容許該證據將使司法公正之聲譽受損，則該證據應予排除。此一規定，使證據排除法則，具有憲法效力，比美國更進一步，但要件更為嚴格、抽象，而帶有法官裁量之色彩。

至於大陸法系的德國，證據禁止觀念更有百年的歷史，可詳參筆者大學同學林鈺雄博士的相關學術論文，不復贅述。

筆者曾透過網路蒐集證據法資料，意外收到一位土耳其法學教授的電子郵件，土耳其法律發展亦深受德國影響，1992年，土耳其刑事訴訟法也增定證據排除法則，令人非常驚訝。

刑事訴訟改革是國際趨勢，證據排除法則則是其中重要的一環，值得更深入比較研究。

2. 毒樹果實理論只是證據排除法則的一種次法則，不等於證據排除法則。

舉例：警方違法搜索到被告的日記，日記中記載被告殺人的棄屍地點在某廢棄礦坑，於是警方前往礦坑中找到被害者的屍體。

一般所謂毒樹果實，以此例而言，日記是「毒樹」，根據日記找到的屍體則是「果實」。前者是違法搜索取得的直接證據，後者則是依違法搜索而間接取得的證據。依照美國判例，間接證據（「果實」）必須與違法搜索行為間有某種相當的因果關係，才可適用毒樹果實理論，而排除該間接證據。

國內部分媒體記者和法界人士，將違法取得證據之排除，一概稱為毒樹果實理論，實為嚴重誤解。以下即進一步討論本片實際適用證據排除法則的爭議。

證據排除法則在本案的適用：

本片情節是有關證據排除法則典型的案例，以下即從美國法的觀點分析。

唐納修警探在公寓樓梯間被嫌犯艾迪攻擊，這時，姑且不論艾迪有沒有殺害前妻朗達的嫌疑，他出手攻擊執勤的警探，就是妨害公務的現行犯，唐納修有權加以逮捕，不需要逮捕令。

艾迪拔槍攻擊，並逃入其公寓房間，唐納修可否追入房間內予以逮捕？這時，雖然唐納修沒有搜索票，但警察如正在追捕（hot pursuit）危險的嫌犯，雖無搜索令，也可進行搜索。搜索的範圍以避免嫌犯脫逃或抗拒逮捕所合理必要的範圍為限。而且，雖然一開始下手逮捕是在公寓樓梯間的公共場所，但可追逐嫌犯進入其私人住宅搜索。

唐納修逮捕艾迪之後，從其隨身小背包中搜出艾迪寫給前妻朗達的信件，艾迪身上也搜出手槍和子彈，與殺死朗達及另一名員警的彈道吻合。這樣的搜索合不合法？

警察合法逮捕嫌犯之後，依法可以為附帶搜索，縱使警察本身沒有安全上的顧慮，仍可為附帶搜索。附帶搜索的範圍，包括被捕嫌犯的身體，以及其隨手可及的範圍。因此，唐納修搜索艾迪的身體及隨身背包，完全合法。

好，既然事實上唐納修對艾迪的逮捕、搜索完全合法，為什麼法官適用證據排除法則，將信件、槍彈等關鍵證物排除，不得於審判中提出做為證據？要解釋這點必須先說明證據排除法則的適用程序。

證據排除法則的適用程序，是在正式審判前，由被告向法官聲請，法官開庭調查，決定是否排除該特定證據。如果法官認定應予排除，審判時，檢方即不得提出該項證據，陪審團也沒有見聞接觸該證據的機會。由於檢方負有舉證責任，關鍵證據被排除之後，被告有罪成立的可能性自然大為降低。

一般人以為律師口才很重要，其實案件勝負七成以上是取決於證據。通常情形，只要事先知道雙方證據內容，即可預測勝敗結局，八九不離十。

法官如何決定是否排除特定證據呢？以本案無搜索票之搜索為例，應由檢方舉證，舉證的標準以達到「優勢證明」標準（preponderance of evidence）為度。所謂「優勢證明」標準，是指證據顯示待證事實存在之可能性較其不存在之可能性為高，簡而言之，是說百分之五十一相信事實存在。

因此，本案檢方必須舉證唐納修警探對艾迪的逮捕、搜索均屬合法。舉證的方式，通常是叫唐納修坐上證人席，敘述逮捕、搜索的經過，並接受辯方的交互詢問。

唐納修堅稱艾迪突然出手攻擊，甚至拔槍襲警，因此其逮捕、搜索完全合法。一般而言，法官多半會相信警察，而不採信被告的抗辯。但是，本案唐納修在逮捕行動中，誤殺艾迪的妻、弟，其證詞自然被打上一個大問號。任何人（包括法官在內）都會想，唐納修當然要說自己的逮捕、搜索完全合法，否

則怎麼規避誤殺艾迪妻、弟的責任？

除此之外，艾迪四年前曾槍殺一名殺警嫌犯的「前科」，也令人懷疑他確有過度執法的暴力傾向。儘管該案調查結果證明唐納修並無不當，但仍難以排除別人的懷疑。大多數人對有前科的被告不也是如此？

承審法官依自由心證，基於上述重大疑點，不採信唐納修的說詞，而認定上述信件、槍彈等證據是違法搜索取得，從而，依證據排除法則，不得做為證據。

讀者或許會問，被審判的不是被告艾迪嗎，如此一來，豈不是把執法的警察當做審判的對象？這點也是唐納修最不能平衡之處，因而怪罪辯方律師玩弄司法程序、扭曲事實。

但是，警察「一定」比被告誠實嗎？警方不當執法早已不是新聞，在轟動一時的陳進興案中，刑事局長楊子敬因方整形外科命案的DNA 鑑定情形，被指為公然說謊，欺騙媒體大眾！警政署長丁原進在南非武官人質事件後，指稱謝長廷拖延陳進興投降的時間，事後也被謝長廷公布的錄音帶拆穿。警政首長的「可信度」不過如此，警方在龐大的破案壓力下，逾越執法的界限，並不是完全不可能的。

因此，適用證據排除法則時，質疑警方證詞的可信度，不僅是發現真相所必要，也是被告的權利。透過雙方的攻擊防禦，最後由法官自由心證判斷。

法官依證據法則，根據證據認定事實，儘管致力減少誤判，仍難保沒有誤判。本案，法官對唐納修有無違法搜索作了誤判，唐納修憤恨不平，甚至劫持法庭，自行重審。被告呼冤不是新聞，警察呼冤才具爆炸性，然而，被告和警察都一樣有被誤判的可能性，這就是為什麼我們需要人權保障、需要程序正義！

本片試圖塑造一種印象——美國法院對維護治安的警察太嚴苛，卻對歹徒太寬縱。美國州法院法官定期由人民改選，就此個案引發的輿論、群眾壓力，有可能影響法官的心證，而傾向擴張適用證據排除法則；此外，被告艾迪妻、弟二人在逮捕行動中喪命，也易引起法官同情，畢竟，有時候「自由心證」是神祕難測的黑箱子！

但事實上，過去二十多年來，美國司法體系以保守派占優勢，儘管有證據排除法則，多數法官傾向於相信警察，而非相信被告。大多數辯方聲請的證據排除，也以被駁回居多。因此，該片所塑造的印象也許和保守派的理念很對胃，卻與事實不符。

我國的違法採證問題

前述證據排除法則，只是處理違法採證問題的一種手段，本身不是目的。違法採證通常會涉及侵害嫌犯或被告受憲法保障的人身自由（憲法第八條）、居住自由（憲法第十條）、祕密通訊自由（憲法第十二條）等隱私權，基於現代法治國家保障人權的憲法原則，應予嚴肅正視。

我國違法採證的問題到底有多嚴重？且舉一個多年前筆者承辦過的案例來說明，當時證據排除法則在國內僅有極少數學者討論，實務完全不採。惟為保護當事人，部分情節略做變更，但無礙於呈現本文之主旨。

該案警方持搜索票至被告商店搜索，查獲仿冒品。起訴之後，筆者閱卷發現搜索票內容很詭異。搜索票上記載：

受搜索人姓名（以下均為筆者所虛擬的名字）：李俊義
應加搜索處所：略
王明光：略
陳志升：略
應扣押之物：相關煙毒等不法證物
限定搜索日期：86年10月20日

86年10月8日簽發

這張搜索票有以下幾項疑點：

1. 筆者的當事人陳志升之姓名、地址填在格子外，且筆跡明顯與其他字跡不同，似為事後由他人添加上去。而且陳志升與李、王二人素不相識，彼此亦毫無關係，沒有理由在同案中搜索。

2. 應扣押之物是「相關煙毒等不法證物」，不是仿冒品。陳志升與煙毒完全無關，根據什麼要向他搜煙毒證物？

3. 日期也不對。陳志升的仿冒品是在10月19日進貨，為何10月8日即已開好搜索票？

任何稍有經驗的律師都可以看出這張搜索票有問題，合理的推測是——警方拿現成的搜索票再添上被告陳志升的名字，持以搜索。

如果推測屬實，那麼警方就觸犯變造公文書及違法搜索（刑法第三〇七條）兩條罪名！但是，當事人說，警方事後向他放話，不要碰搜索票的問題，對他的案子沒有什麼好處；如果得罪警方，隨時再來，丟一包海洛因栽贓給他，叫他吃不完兜著走！

律師該如何處理？

當時，台灣一千多個法官中承認證據排除法則的，恐怕不到十個，在審判中爭執這個問題，可能真如警方所說：「沒有什麼好處！」而且，警方的放話威脅，當事人也會怕，不能等閒視之。然而，就此置之不問，豈非平白放棄一項抗辯的有利重點？令人左右為難。

筆者於是在答辯狀中指出上述搜索票的疑點，強調被告可能是被設計陷害，本擬「聲請傳訊本案簽發搜索票之檢察官」，以查明是否有違法搜索之情事，並進而主張違法搜索取得之證據無證據能力。然思之再三，所謂「民不與官鬥」，即使查明搜索確屬違法，進而究辦違失員警，於被告何益！如因此惹來其他困擾，豈非一波未平，一波又起？

筆者所採的策略是，利用「違法搜索」這點，爭取法官同情，本案另有其他有利事證，被告還是有判無罪的機會，不必在這項毫無把握的抗辯上孤注一擲。至於說擬「聲請傳訊簽發搜索票的檢察官」，只是虛張聲勢。算準了法官不會理睬。

法官果然不睬，一審宣判，被告被判有罪。上訴二審，筆者除了加強其他有利事證，在徵得被告同意後，不得已只有正式具狀聲請「傳訊簽發搜索票之檢察官」或向其「調閱簽發搜索票之卷宗」，查明有無違法搜索，藉以支持辯方主張之「違法搜索所得之證物無證據能力」。

就當時的實務經驗而論，筆者當然知道上述聲請和主張的成功機率趨近於零。不過，美國或國內多少判例不也是從毫無希望的案子中，柳暗花明，發展出來的？不管如何，即使二審法官不採，至少要保留以此為第三審上訴理由（刑訴第三七九條第十款：「應於審判期日調查之證據而未予調查」）的機會。

藉由個案開創足以傳世的新判例，是律師執業生涯中最值得驕傲的榮耀。要開創新判例，需要好案子，而本案正是適合開創證據排除法則的絕佳案例。

結果，二審法官比筆者高明，他不傳訊檢察官，也不調取簽發搜索票之卷宗，卻直接傳訊承辦員警，訊問他搜索票是否合法取得。結果不問可知，辯方質疑警方證詞的可信度也沒有用。警察可能說「沒錯，搜索票是我變造的」嗎？

有趣的是，二審採信其他抗辯，改判被告無罪，本案檢方未上訴而告確定。有關「違法搜索」之抗辯，雖然法官不採，有沒有多少影響法官的心證呢？筆者不得而已。

本案沒有機會上訴第三審，試探能否成為證據排除法則的頭號判例，筆者心中不無遺憾。不過，當事人利益當然優於律師個人所關切程序正義的發展；再者，以國內警方辦案的習性，不愁沒有別的好案例。民國92年刑事訴訟法修正，已明文承認證據排除法則。

上述案例可以明顯呈現國內違法採證問題的嚴重性。警方為求破案績效，不擇手段，目無法紀。難怪陳瑞仁檢察官早就指出：警方的績效考評辦法，才是現實有效的「地下刑事訴訟法」。想要了解國內刑事實務的真實面貌，想知道為什麼簡單的恐嚇取財案件會被警方辦成「唯一死刑」的擄人勒贖案，只有從此切入，才能掌握問題核心。法院對違法採證問題的縱容，甚至曲意迴護，等於是變相鼓勵警方違法。

筆者願以律師執業經驗向讀者保證，上述案例絕非少數個案，違法採證問題經常在發生。

令狀主義

美國針對違法採證問題，事前由檢警向法官申請開搜索令，檢察官則無權開搜索令，事後由法官在被告案件審判中以證據排除法則審查是否合法搜索。透過事前的制衡與事後的監督，來確保憲法保障的人身自由、居住自由、祕密通訊自由等隱私權。

我國檢察官原本可以開搜索票，此種制度明顯存有利益衝突。檢察官本身有辦案需要考量，如何能合理兼顧被告人權保障？兩者有衝突時，多少檢察官會尊重被告人權，在個案決定不開搜索票，而導致案件辦不下去？

民國71年，國內爆發有史以來第一件銀行搶案，犯案的是李師科，但警方對王迎先刑訊逼供，鬧出命案，最後促成刑事訴訟法的修改，容許被告在偵查中選任辯護人（刑訴27條），一般稱為「王迎先條款」。

民國89年10月間，臺北地檢署偵辦劉冠軍貪污案衍生的洩密案，大舉搜索中時晚報，引起各界抨擊侵害新聞自由。隔年，在輿論的強大壓力下，刑事訴訟法修正，將檢察官簽發搜索票的權力一舉取消，改採令狀主義，由法官核發搜索票。

司法改革的推動力，往往來自具體案例的慘痛教訓，背後隱藏多少當事人的苦痛。每一條進步的人權條款，背後都是斑斑血淚！

12「費城」
——歧視愛滋病

Philadelphia

「費城」——歧視愛滋病

你能想像一輩子不得與自己相愛的人結婚，

兩人的結合不被法律承認，

終其一生，

都不合法嗎?

獨立宣言中說的是『所有人生而平等』，

而不是『異性戀者才生而平等』！

片名：**費城**（**Philadelphia**）

導演：強納森・德米

演員：湯姆・漢克

丹佐・華盛頓

安東尼奧・班德拉斯

得獎：1994年奧斯卡、金球獎最佳男主角湯姆・漢克

最佳歌曲Bruce Springsteen

這是一部真摯感人的電影，一個同性戀律師得了愛滋病，被事務所開除，因而起訴主張被非法解僱。正如許多經典的法庭電影，如「梅崗城故事」（“To Kill a Mockingbird”），審判的對象不只是單純的勞資糾紛，而是深藏在群眾心裡的偏見。

安德魯．貝克特（湯姆．漢克飾）是一位傑出的年輕律師，任職於聲名顯赫的大事務所，備受重用，前程似錦。案發前不久，才被幾個大老闆叫進辦公室委以重任，負責一件反托辣斯與著作權的重大訴訟案件。沒想到，他準備的訴狀卻神秘失蹤，差點超過起訴時效；第二天，他就被事務所開除。

安德魯主張，事務所知道他得了愛滋病，才藉故開除他。他找了九個律師，都被拒絕，沒有人願代理他起訴。安德魯對事務所隱瞞自己是同性戀，而且得了愛滋病，不誠實在先；訴狀不見也是事實，現在要主張事務所發現他得病，訴狀失蹤是故意設計陷害他，如何證明？何況告的對象是當地知名的大事務所，大多數律師不願意得罪同行，難上加難。

安德魯不得已找上喬．米勒（丹佐．華盛頓飾）。喬是一個所謂“ambulance chaser”（追救護車找案子的律師），上電視打廣告推銷業務，不怎麼高級。但安德魯曾與他交手，知道喬聰明有活力，在法庭唱作俱佳。

喬知道安德魯得了愛滋，寒毛直豎，恨不得寒暄時沒有跟安德魯握手。案子一聽就知道難度很高，安德魯堅稱可以成立，喬坦白說他不想接。事後，喬趕緊跑去問家庭醫生會不會被傳染，他不諱言向妻子說：「如果有一個客戶，我不要他碰我，甚至不要他呼氣時吹到我身上，我會接他的案子嗎？」他承認自己認為同性戀很噁心。

不久，兩人在圖書館巧遇。一名圖書館員正在騷擾安德魯，請他離開閱覽室到私人研究室閱讀。安德魯病容枯槁，不停咳嗽，卻堅持不去。喬看不下去，出面化解。安德魯翻出他所找到的判例：「人們對愛滋病的偏見和誤解，造成愛滋病人社會生活的死亡，遠勝於疾病本身對病人的摧殘，此種偏見並無事實根據。」喬決定接辦此案。

起訴後，事務所大老闆查爾斯堅持不和解。他認為安德魯把愛滋帶到事務所，參加他們的家庭聚會，還和大家一起在俱樂部打球、洗三溫暖；給他大案子辦，卻隱瞞病情不說，恩將仇報，不告安德魯算他走運，還反告事務所！

案子未演先轟動，法庭外擠滿示威群眾，有支持同性戀者、愛滋病患工作權的，也有詛咒同性戀者罪有應得的。更有人拿標語：「愛滋可治癒同性戀！」充分表現對同性戀的嫌惡。

雙方律師開庭表現可圈可點。喬在開場白（Opening Statement）中說：安德魯得了愛滋病，事後被開除。開除的原因，兩造各有主張，陪審團要決定哪一種說法較可信。安德魯是聰明的律師，好律師。他得了不便公開的病，沒有告訴事務所，這是他的隱私，可以理解，也是合法的。老闆發現他得了愛滋病，就像大多數人一樣，感到恐慌，想把他弄得愈遠愈好，很合理，畢竟愛滋是致命的疾病，無藥可救。但是，因為愛滋病而開除員工就是違法解僱。

辯方律師則說：安德魯是合格的律師，偶爾表現中等，有時表現失常；他是欺騙的受害者，但欺騙者是安德魯自己，他的欺騙很成功，直到他被開除為止，沒人知道他是同性戀，是愛滋病患。現在他即將死亡，要承擔自己不負責任性行為的後果，他感到憤怒，他要別人付出代價，所以歸咎原來的雇主。

調查證據時，雙方各自傳訊有利證人，互相交互詢問，攻擊防禦，過程相當精彩，值得有心鑽研訴訟技巧者一看再看。

事務所的合夥人都堅稱不知道安德魯得了愛滋病。開除他的原因是因為安德魯表現平平，而且遺失訴狀，差點搞砸了一個大案子，才不得不予以開除。只有一位合夥人坦白說，安德魯在事務所最後一段時期，精神不濟，他確曾懷疑（但不確定）安德魯得了愛滋病，但沒有向其他合夥人透露，也沒有找安德魯談。

原告傳訊馬莉莎。馬莉莎是合夥人之一、華特以前在華盛頓一家事務所的助理，她也是愛滋病患，不過是因輸血而感染的。事務所知道她有愛滋病，但沒有予以開除。她身上經常出現皮膚病變斑點。這是愛滋病的特徵，華特很清楚。

安德魯被交付大案子的當晚，華特也注意到他額頭上有斑點，安德魯當時解釋說：「那是打球碰到的」。華特作證則說，他相信安德魯的解釋，沒有懷疑。

安德魯的助理也表示，安德魯在事務所後期，日趨消瘦，容易疲勞，她早就覺得不對勁。老闆們不可能沒注意到！

辯方則傳訊安德魯的秘書做證，說明文件遺失當天的經過，大家亂成一團，安德魯不停道歉，說他自己也不知道為什麼會發生這樣的事（暗示此事確實是他的錯）。喬則反問她，事務所老闆以前有沒有對安德魯表達過任何不滿？秘書說：「沒有。」

另一位助理律師也作證，安德魯不是會亂放文件的人。不過，事務所中也有律師得心臟病、癌症或白血病，沒有人因此故意惡搞他們（暗示事務所不會設計陷害安德魯）。

安德魯自己也當庭作證。他口才流利，修辭文雅，談吐誠摯動人，果然是一位傑出的律師。他解釋為何沒有向事務所老闆或同仁透露自己是同性戀。這是私事，本來就不適合帶到工作上。但他曾考慮告訴合夥人之一的查爾斯，因為查爾斯是他的偶像、導師。但一次私下開玩笑的場合，查爾斯透露對同性戀的偏見後，他就打消念頭。

他熱愛法律，因為有時正義獲得伸張時，自己可以成為其中的一部分，這種感覺棒透了（相信這是不少律師的共同感受）！

但辯方律師在詰問時，也暴露出安德魯明知道壓力太大，可能加速愛滋病發作，卻仍賣力工作，不把自己的健康、生命當一回事。安德魯也承認幾年前曾幾次光顧同性戀戲院，在裡面和陌生男人作愛。這段期間，他已和性伴侶米格（安東尼奧・班德拉斯飾）同居。他當時有聽說過愛滋病，但不知如何傳染。顯示他濫交、不忠實、性好冒險。

安德魯臉上的斑點大多已消褪了，辯方律師拿鏡子給他照，要他指出合夥人華特看到的斑點何在，他指不出來。

喬反應很快，問安德魯身上還有沒有類似華特看到的斑點，安德魯說：「有，很多，在胸前。」喬請他脫下衣服給陪審團看。辯方反對：「如此會不當影響陪審團。」喬向法官說：「如果原告必須坐輪椅，難道要他把輪椅放在法庭外別給人看到嗎？算了吧，我們談的是愛滋，就讓大家看看愛滋長什麼樣子吧！」法官准許。

安德魯緩緩脫下衣服，前胸滿布難看、恐怖的斑點，令人嫌惡又同情。

審判歷時很久，最後安德魯在喬詰問查爾斯時病發，昏倒送醫。

陪審團最終判決安德魯勝訴，薪資、精神損失，懲罰性賠償，金額合計五百多萬美元。原告大獲全勝，被告則表示要上訴。

喬到醫院探視安德魯，兩人握手相賀，當天，安德魯叫米格使他安樂死。片尾播出安德魯童年的影片，音樂響起尼爾·楊輕柔的歌聲，令人低迴不已。

片中，擔任安德魯律師的喬，一開始也是滿懷對同性戀者和愛滋病患的偏見，隨著劇情發展，他逐漸了解同性戀與愛滋病，進而受安德魯垂死前熱愛生命的掙扎所感動，編導安排這樣的角色，使本片更具說服力，也給觀眾上了一課。安德魯的家人不懼社會壓力，都竭誠支持他打這場官司，他母親還說：「我沒有教我的小孩躲在人群後面，你儘管上法庭去為權利奮鬥！」

本片有許多值得探討分析之處：

同性戀、愛滋病與人權

「你能想像自己一輩子不得與自己相愛的人結婚，兩人的結合不被法律承認，終其一生，都不合法嗎？」

這是筆者初到美國時，所看到鼓吹承認同性戀婚姻的聲明，感覺相當震撼。當時夏威夷最高法院正在審查一件案子，夏威夷州不承認同性戀結婚的法令有無違憲，論戰方酣，爭議四起，後來夏威夷最高法院判決同性戀者勝訴。

同性戀存在已久，但一直在婚姻、工作、社會、經濟、法律各方面遭受歧視。從早期的被憎惡，被認為噁心，到一年一度的同性戀大遊行，到美國選出同性戀者為國會議員，同性戀在美國法制、社會中逐漸被認可，被接受（雖然不是全面的）。

1996年，國內出現第一次的同性戀婚禮。作家許佑生和葛瑞公開結婚。這場空前的創舉，獲得許多政治、藝文界名人的祝福。許佑生在「真情指數」節目中接受蔡康永的訪問，談起他青少年時期戀愛的痛苦（對象是男的），多次嘗試自殺，他說：「我是靠寫遺書活下來的！」聞之令人鼻酸，為什麼法律、社會不能接受他們？讓他們活不下去？

同性戀者的人權問題（隱私權、工作權、平等權等），是高度爭議而又重要的領域。

愛滋病被認為是現代「黑死病」。愛滋病的潛伏期長、無藥可救、可致命、靠性接觸和體液傳染等特性，都使愛滋病患令人聞之變色。2006年統計，全球有三千八百多萬名的愛滋病患，從1981年發現以來，死於愛滋病的人數超過兩千五百萬人；2005年一年，估計死亡人數介於兩百四十萬到三百三十萬之間，其中約五十七萬人是兒童，是人類史上殺人最多的疫疾。

這麼龐大的人數，在隱私、醫療保健、工作、生活、各方面都衍生許許多多的法律、人權問題。美國公民自由聯盟（American Civil Liberty Union） 出版的《人權手冊》系列中，《愛滋病毒帶原者的權利》（1996年出版）一書，就厚達三百多頁，足見其中問題之多。

國內，從人權角度探討同性戀者、愛滋病患權利問題的資料，並不多。截至民國95年7月底，國內共通報12,012名愛滋病毒感染個案，相關問題勢必日漸浮現。

愛滋病的潛伏期可長達數年，在這段期間，帶原者可以正常工作、生活，日常接觸也不會傳染給別人。但是，誠如本片所顯示的，社會上充斥對愛滋病的偏見和誤解，在真正發病以前，社會的偏見和誤解，早已用比疾病更嚴重的手段摧殘帶原者。

愛滋帶原者的工作權問題相當複雜。原則上，美國法律禁止僱主歧視有障礙的員工（employee with disability），而愛滋病被認為是一種「障礙」。因此，僱主不能因為員工感染愛滋而加以歧視，只要員工能履行其工作的基本功能，僱主就不能予以開除。就算員工發病，出現症狀，必須經常就醫而請假，只要員工仍可履行其工作的基本功能，即使因此必須配合員工在工作上調整，仍然不能予以開除。否則就是非法解僱，應負賠償責任。

片中，安德魯強調他在被解僱前一直表現良好，事務所沒有理由開除他，事務所合夥人則堅稱不知道他有愛滋病，原因在此。

「後天免疫缺乏症候群防治條例」第六條之一規定：「感染人類免疫缺乏病者之人格與合法權益應受尊重及保障，不得予以歧視，拒絕其就學、就醫、就業或予其他不公平之待遇。」勞基法中所列舉的解僱事由中明定：「勞工對於所擔任之工作確不能勝任時」(勞基法第十一條第五款),僱主才可以解僱。而愛滋帶原者在潛伏期未發病時,並不影響工作能力,一般情形,也沒有傳染之虞。由此觀之,僱主應無權僅因員工帶原就加以開除。但是,我國勞動法中沒有懲罰性賠償的制度,對僱主的非法解僱沒有嚇阻效力。

民國95年10月台北地院判決愛滋病患中途之家「台灣關愛之家協會」必須搬離社區,引起軒然大波。這是國內第一件社區管委會採訴訟途徑,「驅逐」愛滋中途之家的案例。

前司法院副院長汪道淵兒子汪其桐將自己位於北市再興社區的房屋,出借給收容愛滋病患和愛滋寶寶的「台灣關愛之家協會」,引發社區自治管理委員會興訟。「台灣關愛之家協會」成立於民國92年,是愛滋感染者及愛滋病人的中途之家,在台北縣市、高雄市都設有分會。社區規約規定住戶不得收容傳染病患。

法官認為,再興社區的住戶規約經過區分所有權人會議通過,並未逾越和違反「公寓大廈管理條例」規定,「再興社區屬純住宅區,住戶密集,傳染病患與住戶間之接觸機會即因此容易又增加。且大量傳染病患所集中之治療廢棄物處理,均對再興社區居民之衛生健康及心理造成嚴重威脅。而憲法上所保障人民居住與遷徙之自由部分,自應認為包括對於人民居住環境品質、安全無虞之要求。對於原已居住於再興社區之住戶,本有權利維持其原先生活之空間環境,不因新住戶之加入,而使其衛生健康及心理造成威脅致使影響其繼續居住於原住所之意願。」

愛滋病患和愛滋寶寶的居住自由呢？判決表示「本件關愛之家協會所收容之愛滋病患，並非自始即居住於再興社區中，係因負責收容機構即關愛之家協會設立於該處，故前開愛滋病患方被動依據該機構所在地而為生活中心地，既前開遭收容人並非主觀上有居住於系爭房屋或遷徙至系爭房屋之意思，自難認系爭規約有何違反被收容人之基本人權之處。」

本判決將原住戶的「居住自由」，擴張解釋到涵蓋社區環境品質、衛生健康安全，甚至包括住戶主觀上繼續居住於原住所之意願。這種憲法解釋，筆者聞所未聞，且縱使如此，此種居住自由可以強到命愛滋病患搬出社區內不屬於原住戶所有之房屋的程度嗎？

判決認定愛滋病患主觀上無居住於該房屋的意思，邏輯跳躍，也沒有事實根據，太過牽強。隨便找個被收容的愛滋病患來問，即可推翻此一認定。但判決卻據此一筆抹煞有關愛滋病患居住自由的主張，其論證之武斷，令人難以置信。

本案的關鍵，其實應該是社區規約有沒有牴觸前述「後天免疫缺乏症候群防治條例」第六條之一的禁止歧視規定，因而依民法第七十一條「法律行為違反強制或禁止規定者，無效」。

本判決顯示，「不要在我家後院」的心態相當普遍，而且，這一次，法院還找了憲法來支持這種心態。愛滋病患的人權保障還有一條漫漫長路要走。

訴訟策略與交互詢問

喬在法院外對媒體表示：「我們生活在費城，費城是宣布獨立宣言的自由聖地，我記得獨立宣言中說的是『所有人生而平等』，而不是『異性戀者才生而平等』！」

喬要破除偏見，審判時乾脆把同性戀議題挑明了講，企圖暴露事務所的保守心態。幾位合夥人作證時並不諱言他們對同性戀者的鄙視。法官表示：「在本法庭中，正義是盲目的（西方文化中正義之神是矇眼的，以示公正無私）。不論性別、種族、膚色、宗教或性傾向，均依法受同等對待。」喬回答：「但是，我們不是生活在法庭裡，不是嗎？」

在訴訟策略上，既然無法迴避這種偏見，不如正面迎戰。馬莉莎作證時說，她是輸血感染的，不是她的過失，但是，她「不認為自己和其他愛滋病患有何不同，得了愛滋病不是活該或者無辜的問題，我只是想活下去。」

安德魯的開庭表現，也呈現出他是一個聰明、誠懇的律師，除了是同性戀，不幸得了愛滋病以外，與一般人並無不同。原告藉由兩人的正面形象，企圖扭轉陪審團對同性戀、愛滋病患的既存偏見。

辯方律師對安德魯及其助理的詰問很精彩，不慍不火，清晰而有說服力。以本案而言，辯方本來就不適合表現的太過火，畢竟原告是將死的病人，攻擊太狠，可能反而激發陪審團的反感和同情心。

喬對合夥人之一的詰問非常漂亮。合夥人說安德魯表現平平，只是令人滿意（satisfactory）而已！喬反問他，審判前開示事證（Discovery）時不是說，安德魯的表現令人興奮（delightful）、印象深刻嗎？合夥人解釋說，那只是一方面，整體而言，安德魯的表現差強人意。

喬停頓，突然提高聲調說：「你認為香腸三明治讓你滿意，而魚子醬、香檳、烤鴨，則令人興奮，不是嗎？」辯方反對：「菜單與本案無關！」喬解釋：「庭上，幾個月前，他把安德魯當作魚子醬，現在他認為安德魯是香腸三明治，我要知道是什麼造成這種改變！」旁聽者大笑。

這樣有力的詰問，已顯示證人在掩飾、前後矛盾，效果極佳。喬用的方法是具象的比喻，人人一聽就懂，心中立刻浮現鮮明的對比，遠比抽象不可捉摸的形容詞強而有力。

國內法庭沒有陪審團，法官、律師都是專業人士，開庭講的話一大堆專有名詞，又文謅謅的，聽得令人昏昏欲睡。其實，即使對法官也應善用這種修辭、訴訟技巧。想想看，如果你是法官，每天聽律師說一些不講也知道的陳腔濫調，不覺得煩嗎？如果懂得發揮，新鮮有趣，提高法官注意，效果自然更好。

美國名律師Gerry Spence就說過：「律師沒有讓法官無聊的權利！」當然，開庭發揮應適可而止，只顧自己表演得很開心，或存心演給當事人看，不管法官的反應，反而會有反效果。

證據判斷與證明

安德魯究竟是因愛滋病而被開除，還是因為工作表現不佳？這是本案的主要爭點。

馬莉莎證明華特（合夥人之一）「可能」看出安德魯染上愛滋，但這並不是確定無疑的證據。說事務所存心設計安德魯，把訴狀藏起來，更是沒有證據。

照理，原告主張合夥人發現安德魯有愛滋病，因此予以開除，就此應負舉證責任。如果不能舉證，就要承擔敗訴的後果。結果，陪審團卻判原告勝訴。為什麼？

因為辯方的說法更不可信。一名陪審員在討論時說，事務所一直強調安德魯表現平平，卻把一個大案子交給他負責。假設你是一個空軍指揮官，現在要派人駕駛一架價值3億5千萬美元的飛機轟炸敵軍的重要軍事目標，你會派你手下最好的飛行員，一個捍衛戰士，還是派一名菜鳥去？被告的答辯講不通！

道理很簡單。真相只有一個，既然被告的說法不可信，只是託辭，事務所開除安德魯的原因，就是因為發現安德魯得了愛滋。

正如神探福爾摩斯常說的：「把其他不可能的嫌犯排除之後，剩下的唯一嫌犯，不管多麼令人難以置信，一定是真凶。」原告雖然不能直接證明合夥人知情，但排除其他可能之後，等於間接證明了原告的主張。

13「越過死亡線」
——死刑

Dead Man Walking

「越過死亡線」——死刑

李勝雄律師問大家對死刑的意見，

當場做民意調查，結果在座九十幾名準律師，

贊成、反對約略各半，旗鼓相當。

他說：「大家都是唸法律的，

難免各有看法，我也不想在此說服誰。

不過，我敢保證，在座贊成死刑的人，

如果有辦刑案，執業一段時間以後，

我相信會有一半以上的人改變主意。」

為什麼？「因為冤獄太多了！」

片名：**越過死亡線（Dead Man Walking）**

編劇、導演：提姆・羅賓斯

演員：蘇珊・莎蘭登

西恩・潘

得獎：奧斯卡最佳女主角

這是一部有關死刑的電影，由修女海倫．普利珍輔導死刑犯的真實故事改編。關於死刑有許許多多理論上的爭辯，不過，這些理論上的論點如果不能在個案中印證，未免虛浮不實。例如城仲模也寫過反對死刑的學術論文，但他任職法務部長時卻下令執行槍決周峋山死刑案。該案引起嚴厲抨擊，可為理論與實務扞格的例證。

本片呈現死刑判決後，死刑犯請求救濟、赦免，到最後行刑的過程，正反觀點均平衡展現：死刑犯對被害人、贊成死刑對反對死刑，更重要的，其中有強烈的情感體驗。不管贊成或反對死刑，不能只是基於知性的論證，更要基於情感的體驗。

觀看本片最好的方式，是把自己當成法官或陪審員，在了解犯罪過程、被害人的痛苦、被告的犯罪動機與人格特質後，不管你原先是否贊成或反對死刑，重新思索死刑的存廢，並親自決定：我要不要判眼前的被告死刑？被告是否罪該一死？

本片的影像情節平實、自然而有節制，以筆者服役時曾經實際參與過死刑案件的偵、審、執行，感覺非常逼真。蘇姍．莎蘭登的演技好得沒話說，西恩．潘的演出也唯妙唯肖，演家屬的幾位配角真實感人，是好萊塢難得的傑作。

修女海倫（蘇姍．莎蘭登飾）從小即深富愛心，她在黑人社區服務，卻不穿修女的法衣，作風有點反傳統。片子一開始，她接獲一位白人死刑犯馬修．龐塞勒（西恩．潘飾）的信，請求協助。

馬修與共犯卡爾被控挾持一對幽會中的年輕男女華特與荷普，兩人強姦荷普，並將兩名被害人殺死，華特被用來福槍自後腦槍殺，荷普則被以刀子猛刺十七刀，死狀極慘，引起當地居民公憤。

審判時，馬修與卡爾互咬，互指對方下手殺人，自己沒有動手。最後判決兩人罪名成立，馬修判死刑，卡爾則終身監禁。

海倫應馬修之要求前往探視，馬修堅稱自己沒有殺人，案發當天他既嗑藥又喝酒，已兩天沒睡，在神智不清下，與卡爾犯下此案，但他只在旁協助，並未下手殺人。海倫答應協助，但是，馬修與卡爾在此案之前，另犯下六起綁架、一起強姦案，並非善類。

海倫找到一位律師巴勃，協助聲請赦免減刑。一般律師皆不願辦死刑案件，因為死刑犯通常沒有錢，承辦死刑案件的責任、壓力太大，巴勃是少數有經驗又願意協助的律師。

當時，州議會剛通過新的死刑執行辦法，改用注射毒液方式取代電椅，號稱比較人道，馬修如果救濟失敗，可能成為第一個試用新法的人犯。

巴勃告訴馬修，在赦免聽證會上不能喊冤，赦免委員會的目的不在決定原來判決有無錯誤，只決定馬修是否罪該一死。因此，在赦免聽證時，要盡力呈現出馬修人性化的一面，讓他們了解你是人。要送一個人赴死比較困難；反之，要送一頭野獸赴死，則較為容易。

馬修不肯讓自己的母親出席聽證會，替他求情，他知道母親到場只會哭成一團。此外，他自尊心強，不願向人低聲下氣。海倫則勸他：她是你的母親，她有權利為自己的兒子說話；萬一因為她沒有出席而未能挽救自己的兒子，她會抱憾終身！

海倫至馬修家探訪，只是一個普通的中下階層家庭，馬修的父親在他十四歲時過世，母親辛苦撫養幾個小孩長大。其他兄弟也許調皮、粗野，但不像壞人。因為本案，家人在社區中抬不起頭，馬修的小弟在學校也受欺侮。馬修的母親悲傷地說，她實在想不透自己的教養方式哪裡錯了？

修女協助死刑犯的故事上了報紙，海倫受到自己家人質疑：有那麼多時間幫助死刑犯，何不把時間拿來幫助好人？幫助青少年，預防犯罪？為什麼不花時間安慰被害人的家屬？海倫嘗試解釋，馬修幼年喪父，缺乏適當的教養，但家人仍質疑：這不成理由，教會裡那麼多單親子女，他們也沒有去強姦、殺人啊？

馬修的母親果然在赦免聽證時哭成一團，沒有多少幫助。律師巴勃則提出有力的訴求：死刑犯大多是窮人，請不起高明的律師。法院為馬修指派了一位沒有刑案經驗的稅務律師，審判全程，那名律師只提過一次異議，陪審團很快就決定有罪。如果馬修有錢，他可以聘請經驗豐富的刑事律師，找一堆調查人員、彈道專家、心理學家，只要建立一點合理的懷疑，至少可免一死。但是，貧窮的馬修沒有這種機會。

巴勃用諷刺的語調說明新的死刑執行方法——毒液注射。先打一針鎮定劑緩和人犯的神經，再用致命的毒液摧毀其五臟六腑。表面上看不到人犯的痛苦表情，彷彿如此就減輕了死刑的嚴厲性、殘酷性，如此就較為人道。

檢方則強調馬修的罪行無可置疑，從定罪至今已經六年，仍未執行死刑，對社會、被害人家屬難以交代。被害人父母再也沒機會看到自己的小孩大學畢業、結婚、生子、共渡耶誕節。

馬修的赦免聲請被駁回，他當場要求海倫擔任他的諮商師（spiritual adviser）。這是對死刑犯的特殊安排，目的在陪死刑犯走完人生最後一程，諮商師需每天陪同死刑犯幾個小時，行刑當天，則全天陪同一直到行刑為止，是一種人道措施。海倫答應。律師巴勃說，雖然仍可向聯邦法院救濟、直接向州長請求特赦，但希望渺茫。

被害人華特的父親在赦免聽證會場外當面嚴詞指責修女海倫，他說，我也是天主教徒，華特是唯一的兒子，今後無人可以傳宗接代，姓氏自此而絕，何等悲慘。凶手誘拐、姦殺年輕的少女，慘無人道，修女卻加以協助，絲毫未想到被害人家屬更需要安慰？

海倫鼓起勇氣到兩名被害人家中拜訪。他們談起案發前後經過，都不禁潸然淚下。這對年輕男女約會失蹤，起初他們還以為兩人私奔去結婚，屍體六天後在樹林中找到，荷普全身赤裸、陰道破裂、血肉模糊，死狀太慘，警方不讓荷普父母認屍；父親找了當牙醫的弟弟去看，他一向反對死刑，但在伸手入屍袋那一刻起，從此成為死刑的堅定支持者。

荷普父親還說，本案至今拖了六年多，審判期間，馬修一副漫不在乎的樣子，一次法警押馬修經過他身邊，他當時一股衝動想奪槍當場予以射殺，現在想來，真後悔當時沒那麼做，也不用拖到今天！

荷普雙親誤會海倫改變主意轉而支持他們這一邊，沒想到她仍然要協助馬修，擔任諮商師，安慰他走過生命中最後一程，大感憤慨！

馬修是禽獸，不！比禽獸還不如，禽獸不會姦殺自己的同類。修女說要效法耶穌的精神，安慰罪人，但是荷普臨死之際有誰來安慰她？修女說要協助馬修承擔自己的罪行，但他至今否認殺人，不肯認罪，只有單純的修女才會相信他。

荷普雙親最後要求海倫修女離開：「你不能左右逢源！」

華特的雙親離婚，因為雙方面對喪子之痛的方式不同。根據統計，喪失子女的夫妻，有百分之七十離婚，犯罪被害人的痛苦，不只是案發的那一刻而已，所受的傷害也不只是凶案本身。

馬修在此期間卻接受電視專訪，表示自己是希特勒的信徒，如果還有機會，要加入恐怖組織，播出之後，輿論譁然。海倫痛責他像個納粹狂人、人渣，馬修不肯認錯，仍堅稱自己被冤枉，要求測謊。雖然測謊不能提出於法院當證據，但他要讓自己的母親知道兒子不是殺人犯。海倫愕然，但仍設法為他安排測謊。

州長個人雖然對死刑有所保留，但他強調身為州長，必須尊重民意，除非有強有力的反證，否則不會同意赦免。馬修則抱怨，最近處決兩名黑人，為了種族平衡，所以拿他開刀，不過是政治決定。

馬修在臨刑前一天測謊，測謊結果無法斷定，馬修很失望，海倫安慰他，隔天就要行刑，除非是機器人或瘋子，否則難免緊張，測不出結果很正常。

馬修臨刑前夕和家人相聚，彼此閒聊，情緒極度壓抑，避免談到任何敏感話題，道別之際，馬修強調：「不要說再見！」彷彿其中含有什麼深意。

最後，馬修在聯邦法院的上訴被駁回。臨死前，他終於情緒激動向海倫修女坦承開槍殺死華特、強姦荷普，願意認罪。

執行時，被害人家屬到場觀禮，馬修請求他們原諒，但願自己的死能使他們釋懷，他說：「我只想說，殺人是錯的，不論是我或政府動手殺人。」

本片有許多值得探討分析之處：

死刑的存廢——理論與實際

死刑的存廢，理論上有許多爭辯，難有定論。美國有一些州廢除死刑之後，因治安敗壞、嚴懲罪犯的呼聲高漲，又恢復死刑。歐洲則有許多國家廢除死刑，德國憲法更明文廢除死刑。

筆者考上律師那年，參加律師職前訓練，名律師李勝雄來上課，講「刑事辯護實務」。他問大家對死刑的意見如何，當場做民意調查，結果在座九十幾名準律師，贊成、反對約略各半，旗鼓相當。他說：「大家都是唸法律的，難免各有看法，我也不想在此說服誰。不過，我敢保證，在座贊成死刑的人，如果有辦刑案，執業一段時間以後，我相信會有一半以上的人改變主意。」為什麼？「因為冤獄太多了！」

這是經驗之談，相信許多法官、檢察官一定不同意。

不過，不管贊成或反對死刑的人，都同意死刑應該慎重，因為死刑具有嚴厲性、不可回復性，如果判錯、執行錯了，無法補救。

本片提供一個非常好的討論素材，藉由修女海倫的觀點，呈現出案情的全貌：犯罪的凶殘、被害人的痛苦和怨恨、人犯的心性——無知、傲慢、冷漠、悔悟等，美國刑事訴訟的特徵——冗長、不公平、政治化、死刑的殘酷……等。

反對死刑的人，能夠面對華特和荷普的雙親，主張即使他們的子女無緣無故被凶殘地強姦、殺害，凶手仍然不該判死刑？像馬修這樣的納粹狂徒、禽獸不如的人渣，仍然罪不至死？

贊成死刑的人，也難以否認，馬修的出身背景不佳，父親早逝，沒有良好的教養，導致誤入歧途；再加上美國刑事司法的階級不平等，才會被判死刑。如果馬修有錢聘請高明的律師、專家，證明他案發時有嗑藥或其他減輕事由，也許就不會被判死刑。

馬修的愚蠢、傲慢，可悲卻不令人同情，臨死前的悔悟似乎也是求免一死不可得後，冀望藉此獲得心靈的安慰，鼓起面對死亡的勇氣，益顯其委瑣可憐。但這不就正是人性？馬修的母親是平凡勞苦的中下階層婦女，聽她談起自己的孩子，令人覺得「彼亦人子也」，哪裡是禽獸呢？

死刑的決定與執行

不管贊成或反對死刑，不管認為馬修該不該死，做出決定之前，都應該斟酌理論與實際，考量案情的全盤因素，體諒被害人的痛苦，體會被告的動機、背景，了解死刑的嚴厲性，最後做出審慎、嚴肅的決定。

美國的死刑量刑，依正當法律程序，受嚴格的程序規範。一般刑事審判有罪判決之後，必需另訂庭期，決定如何量刑。量刑開庭時，事先由保釋官準備量刑報告，內容詳載被告的前科、工作、教育程度等個人基本資料，檢方得傳訊被害人說明犯罪所生的危害和痛苦；辯方亦可傳訊其家人或親友說明有無減輕事由（如幼年喪父、童年受虐待等）。如檢方請求判死刑；辯方可說明死刑如何執行，如片中巴勃律師在赦免聽證中所為，讓陪審團了解其嚴厲性。既要判被告死刑，就要了解死刑的嚴酷和痛苦。

如此，認定有罪與否和量刑分開，量刑時充分調查相關事證，才能真正做到妥適量刑，符合「刑罰個別化」的原則。

我國刑法五十七條規定：「科刑時應審酌一切情狀，尤應注意左列事項，為科刑輕重之標準：

一、犯罪之動機。

二、犯罪之目的。

三、犯罪時所受之刺激。

四、犯罪之手段。

五、犯人之生活狀況。

六、犯人之品行。

七、犯人之智識程度。

八、犯人與被害人平日之關係。

九、犯罪所生之危險與損害。

十、犯罪後之態度。」

該條立法精神與美制相同，卻無適當的程序規定配合，國內實務上法官宣判同時宣告罪名與刑度，未就量刑另行開庭調查，使本條規定形同虛設。所謂「應審酌一切情狀」、「尤應注意左列事項」，實務上何曾真的依法逐項調查？導致量刑大多是依罪名的「行情」上下調整決定，哪有真正的刑罰個別化！

法律上還有一些有關量刑或保安處分的強制規定，不問個案的情節輕重，或被告有無特殊情狀，一律規定相同的法定刑，沒有量刑空間。例如，懲治盜匪條例中充斥唯一死刑規定；槍砲彈藥刀械管制條例第十九條第一項，規定犯該條例案件一律強制工作三年。前者因筆者辦案發現其有日落條款期滿後，仍繼續適用之嚴重瑕疵，於民國91年1月廢止；後者則由大法官宣告違憲（釋字第四七一號）。嚴刑重罰是政府處理犯罪問題的習慣反應，但通常沒有什麼效果。

大法官在該號解釋之解釋文中說：「本諸法治國家保障人權之原理及刑法之保護作用，（保安處分）其法律規定之內容，應受比例原則之規範，使保安處分之宣告，與行為人所為行為之嚴重性、行為人所表現之危險性，及對於行為人未來行為之期待性相當。」「此項規定不問對行為人有無預防矯治其社會危險性之必要，一律宣告付強制工作三年，限制其中不具社會危險性之受處分人之身體、自由部分，其所採措施與所欲達成預防矯治之目的及所需程度，不合憲法第廿三條所定之比例原則。」

其實，基於同一法理，「唯一死刑」的規定也是違憲。只是，在治安敗壞、嚴懲罪犯的呼聲中，要大法官只問憲法、不顧民意，宣告唯一死刑違憲，太難了。

立法院在民國95年4月修改最後一條唯一死刑的規定——刑法海盜罪，改為相對死刑。唯一死刑至此才完全取消。

國內的死刑執行程序，有許多不合理、不人道的缺失。聲請釋憲、赦免不能暫緩執行；聲請再審、非常上訴時，是否暫緩執行，規定亦不明確。雖然法務部說，實務上，只要人犯有

聲請再審或非常上訴，一定暫緩執行；聲請再審的期間，除了「因重要證據漏未審酌而聲請再審者，應於送達後二十日內為之」（刑訴第四百二十四條）以外，原則上沒有時間限制。但是，前述周峋山、莊清枝兩案，法務部都等不及二十天，就把人犯槍決掉。死刑暫緩執行應該要有明確辦法！

本片有許多值得借鏡的人道措施，如以注射方式減輕死刑犯的痛苦；諮商師的安排；讓人犯在死前與家屬接見；行刑日期預先告知人犯等。國內為了避免影響囚情，執行死刑的時日都是到執行當日將人犯提解押赴刑場時才予以告知，何不預先告知，讓他們可以會見家人、安排後事、寫寫遺書？何不讓他們走得有準備、走得心安？

人權日前夕的槍聲

周峋山案引起民間司改會嚴詞批評，法務部的解釋則自認於法並無任何違誤，也沒有疏失。事隔不久，民國87年，又發生死刑犯莊清枝申請與前妻再婚，獲看守所准許，原定於12月10日（剛好是世界人權日）舉辦婚禮，卻在12月9日晚間被執行槍決。人權日前夕的槍聲，突顯出執法者的無情。

莊清枝案發回更審時，筆者受律師公會指派為其義務辯護，雖然筆者認為其罪不至死，盡力辯護，但更審仍依唯一死刑規定，判處死刑。莊清枝收到三審判決確定的通知後，從看守所中打電話給我，筆者承諾為他聲請釋憲。筆者快馬加鞭蒐集外國立法例，以及美國最高法院判決唯一死刑違憲的判例，並找到懲治盜匪條例立法沿革的史料，用心撰寫釋憲聲請書，全文12月9日深夜完稿。本以為隔天是世界人權宣言五十周年紀念日，提出這樣的釋憲案，或許也具有某種歷史意義，沒想到一大早進辦公室，莊清枝的弟弟打電話來，莊清枝已於昨日槍決！難道這是世界人權日的獻禮？

莊清枝出殯時，筆者將擬好的釋憲聲請書交給他的家人在靈前焚化，算是對他的承諾有所交代。

14「審判終結」
——消費者訴訟與懲罰性賠償

Class Action

「審判終結」——消費者訴訟與懲罰性賠償

沒有懲罰性賠償的話，

公司只要拿一些錢買產品責任保險，

真的出事時，再拿個幾十萬美元打官司，就綽綽有餘了。

反正官司不一定誰贏，

輸了也不用賠太多，

公司有錢，拖也把消費者拖垮。

何必花那麼多錢去召回修補？

片名：**審判終結（Class Action）**

導演：邁克爾・艾普特

演員：金・哈克曼

本片的片名Class Action（集體訴訟），點出故事是美國典型的消費者控告製造商的集體訴訟案件。編劇看得出來是精通美國訴訟實務的高手，對於消費訴訟的攻防特性、律師界的生態，描寫得絲絲入扣。本片對於國內消費訴訟的發展深具啟發性。

本片編劇精彩，演員的表現也不錯，雖然手法頗商業化，仍是相當直接的法律批判電影。故事其實就是很典型的案例，為什麼台灣就拍不出這種電影呢？

華傑德（金・哈克曼飾）是六〇年代民權運動的健將，專辦涉及民權、消費者保護等弱勢民眾對抗大企業的名律師，著有暢銷書《民權接受審判》（Civil Rights on Trial），還上過《新聞週刊》的封面。辯論風格尖銳、挑釁而富煽動性。

華傑德的女兒瑪姬也是律師，對父親又愛又恨，從小因父親外遇、不顧家（總是在外獻身民運），父女關係很緊張。

與擔任民權律師的父親相反，瑪姬受僱於大型事務所，專辦大企業的商務案件，父女兩人間有明顯的意識形態及階級的對立。但是，瑪姬遺傳了父親的才智，辦案表現傑出，雖然資歷不深，已是厲害的訴訟律師。結果，父女兩人卻因為一件消費訴訟案件，對簿公堂。

案子緣起於大汽車廠雅戈公司所出品的子午線旅行車，連續發生多起車禍爆炸案，受害的車主聘請律師提出集體訴訟，控告雅戈公司設計不當，結果纏訟三年仍無法證明雅戈公司汽車設計有瑕疵，部分受害車主不得已而與雅戈公司和解，其他受害人不甘輕易和解，改聘華傑德為律師，展開另一波強烈攻擊。

雅戈公司是瑪姬任職之大事務所的最大客戶，占該事務所年營業額的26%，事務所老闆當然不敢掉以輕心。一方面凜於華傑德的威名；一方面雅戈公司正與矽谷一家大型電子公司洽談合併事宜，不希望該案敗訴要負擔鉅額賠償，以致影響對方的合併意願，因此，對此一案件必須全力以赴。

瑪姬在事務所正處於力爭上游的階段，因此極力爭取承辦此案。負責雅戈業務的合夥律師麥可是瑪姬的情人，同意將案子交給她，但提醒她，對方是瑪姬的父親。

傑德身為消費者原告的律師，也承受相當大的壓力。美式的訴訟遠比台灣耗時費力，有時準備訴訟的程序就費掉數年功夫，一般消費者無力支付龐大的律師費及相關訴訟費用，通常與律師簽約，同意勝訴的話，所獲賠償金額由律師抽成（通常是三成）。案件進行中所需費用，則由律師自行吸收。但是，如果敗訴，律師一分錢也得不到。

這在美國稱為Contingency Fee（依訴訟結果定律師報酬）。律師本身也承擔很大風險，除非有相當把握，否則敗訴的話，可能白忙數年，結果卻一場空。不過傑德信心十足，更難打的訴訟，他都打過，豈會畏懼挑戰。

瑪姬因為要與父親法庭相見，頗感困擾，跑去徵詢父親意見。傑德馬上指出，這不過是大事務所的技倆，企圖用父女親情軟化傑德的攻擊火力，否則怎麼會派瑪姬這樣資歷不足的律師承辦此一大案子？這句話大傷瑪姬的自尊，父親始終不承認她是傑出的律師！因此激發她的鬥志，決心在法庭上擊敗父親，徹底打破父親自以為是的心態。

子午線旅行車出廠五十萬輛，前後發生132件爆炸案，比例不高，但受害的消費者往往家破人亡，損失慘重。然而，該車型通過聯邦法規所規定的七十七項安全測試，完全合乎標準，看不出有何設計或製造上的瑕疵。

父女雙方在調查階段有多次針鋒相對，無情的攻防，雙方表現都極為出色。瑪姬首先發現雅戈公司檔案中有疑點，因此找到已離職的裴凡博士，他任職雅戈三十二年，曾負責子午線車型的電路測試。裴凡明確指出，當初他曾發現電路設計有問題。

電路設計本身固然安全，但問題是當車子打左轉方向燈時，如果車尾遭到撞擊，因為電路的連鎖反應，會引起油箱爆炸。這是電路組合以後產生的嚴重瑕疵，單純看個別電路設計，看不出毛病，他稱之為危險的「深水炸彈」。當時，他曾將測試報告提交給主管蓋契爾。

瑪姬聞訊大為震驚！她找到裴凡留在雅戈公司的個人筆記，證實確有其事。因此決定敦促雅戈公司認錯和解。

沒想到蓋契爾表示早知此事，子午線出廠第二年，公司即修改子午線的電路設計，以消除瑕疵，但對已出廠的十七萬五千輛汽車，則沒有召回修補。他強調，此事曾經麥可首肯，麥可當時並表示：「沒有問題！」。

為何不召回呢？蓋契爾坦承，當時找來風險分析師派屈，他估計召回修補的話，平均每輛車要耗費三百美元，第一年出廠的子午線旅行車有十七萬五千輛，合計費用超過五千萬美元。反之，如果不召回，估計會有一百五十輛車在事故時爆炸，如果每名車主賠二十萬美元，這還是假設原告全部勝訴，也不過花三千萬美元。公司該怎麼做，答案很清楚！

瑪姬向麥可追問此事，麥可坦承，當時手頭同時處理五十宗案件，一時疏忽，忙中有錯，以為只是另一份技術測試報告。他要求瑪姬將證據銷毀，死無對證。瑪姬斷然拒絕。

麥可操起三寸不爛之舌，每年雅戈付給事務所八百萬美元，豈可得罪客戶？瑪姬回以：「那麼多消費者無辜受害，於心何忍？」麥可仍然狡辯，並質問難道瑪姬敢保證自己絕不犯錯？並以兩人的私人感情動之以情。

瑪姬至此才恍然大悟，原來當初麥可將此大案子交給她，目的就是自保，萬一麥可失職之情爆發，他可利用雙方感情要瑪姬罩他！瑪姬深感不齒。麥可狗急跳牆，威脅如果瑪姬敢揭發他，要死一起死，其他律師也一定不容這種打小報告的行徑。到時，那個事務所敢收容她？兩人唇槍舌劍，互不相讓。

雙方鬧到事務所大老闆昆恩面前。昆恩知道，事情如果鬧開，不但雅戈要負鉅額賠償責任，事務所因為麥可的執業過失，也要賠償雅戈的全部損失，後果不堪設想！因此，唯一的辦法就是掩飾真相。

此時，傑德也追查到裴凡，知道測試結果有問題，因此要求雅戈提出裴凡任職期間的相關報告。昆恩不敢湮滅證據，擔心如果走漏風聲，會名譽掃地，不但客戶流失，法院也會予以嚴懲，甚至被取消律師資格！於是決定玩訴訟策略，將裴凡任職期間的所有文件，包括檔案、筆記、電話留言等鉅細靡遺的資料，全部裝箱送交給傑德。而且故意把順序、目錄弄亂，讓傑德上窮碧落下黃泉，找得不亦樂乎！按美國法律規定，訴訟當事人原則上有義務提供手上所握有與本案有關連性的任何文件給對方，但沒有義務編目整理清楚，再交給對方。因此，昆恩採取合法的訴訟策略，用文件把傑德埋葬。

開庭時間迫在眉睫，傑德顯然不可能在堆積如山的文件中找到那份關鍵報告。想不到麥可更狠，為求釜底抽薪，一勞永逸，他乾脆把那份報告抽掉，目錄上也刪除這筆紀錄，讓傑德找死也找不到。傑德是聰明人，他知道對方送來大批資料，一定有鬼，其中一定隱藏不可告人的祕密。

此事卻被瑪姬發現，她越想越覺得自己為了反抗父親，卻走入另一個是非不分、唯利是圖的境地。她向昆恩報告此事，並表示自己願意作證揭發。昆恩卻表示，麥可資歷深厚、交遊廣闊，別人未必會相信瑪姬。相反地，如果瑪姬奮力發揮技巧，摧毀裘凡的可信度，打贏這場訴訟，他承諾會升她為合夥律師，事務所有史以來最年輕的合夥律師，如何？

威脅加利誘，瑪姬卻不為所動，表面上虛與委蛇，私下卻與父親密商如何絕地大反攻。開庭時，瑪姬果然砲火十足，把裘凡的可信度摧毀殆盡。她利用裘凡年紀老邁，對數字記憶力較差的弱點，在交互詢問時，暴露裘凡連家裡的電話號碼、郵遞區號也記不清，怎麼可能記得幾年前測試報告的結果？傑德也承認，除了裘凡以外，別無證據可以證明測試報告的存在。

昆恩及麥可大喜。此時，傑德卻突然要求傳訊麥可，辯方嚴重抗議，法官卻行使裁量權同意傳訊麥可。傑德質問麥可事前是否看過測試報告？麥可極盡閃躲問題之能事，就是不肯正面答覆，以免犯下偽證罪。但其閃避的態度，已引起陪審團的懷疑。瑪姬趁勢在交互詢問時，要求麥可做正面澄清，麥可無奈，只好說謊，說自己從不知情。

傑德隨即傳訊風險分析師派屈，證明有關風險評估，因而決定不召回子午線汽車修補一事。辯方措手不及，昆恩隨即要求休庭。經驗老到的昆恩，看出傑德與瑪姬聯手的陰謀，他向法官指出，瑪姬嚴重違反律師倫理，私下透露當事人的祕密給傑德，應立即裁定不受理（dismiss）。傑德反唇相譏，指出麥可偽證、湮滅證據，罪行更重。昆恩當場表示，要將麥可開除，這當然是棄車保帥的作法！法官震怒，指出昆恩的大事務所嚴重違法，雙方如不和解，必予嚴懲。

結局：雙方最後以一億美元達成和解！

本片有許多值得探討分析之處：

律師倫理

本片赤裸裸的揭發律師醜陋的一面。麥可的工於心計、昆恩的老謀深算，其基本動機都是為事務所以及個人牟利。學法律不是為了伸張正義嗎？但是，公平、正義這樣的字眼，對他們而言，恐怕太遙遠了。

依照律師倫理，律師有保密的義務，也有真實的義務，這兩個義務某種程度有必然的衝突。

瑪姬洩漏客戶秘密，私下與父親聯手，顯然違反保密義務。但是，難道眼睜睜看著麥可倒行逆施，任司法被強姦，讓正義遭踐踏？

對麥可和昆恩而言，保密義務論其實際不是什麼律師倫理，真正的作用是用來自保、牟利的冠冕堂皇的藉口。

難道保密義務的規定有問題？還是敗德的律師就是有本事躲在律師倫理的招牌下為所欲為？哈佛大學教授艾倫·德許維茨就曾一針見血地指出：「律師倫理規定的真正目的，常常是為了保障律師，而非當事人。」

美國的律師形象

這二十年來，美國律師的形象大壞，律師不再是人權的捍衛者，而是大企業的「魔鬼代言人」。好萊塢的電影很生動地刻劃出律師形象的轉變。

美國的大企業不斷集中、合併，所需要的法律服務也日漸殷切，律師費水漲船高，律師業也興起合併之風，上百名律師的事務所根本算不上「大」。律師業的規模正對應產業的結構，大企業需要大事務所提供法律服務，大事務所的高額收費也只有大企業養得起，於是律師業形成明顯的規模差距，替大企業服務的大事務所，以及小貓兩、三隻替一般老百姓服務的「小」事務所。客戶層級、收費、案件類型都高下懸殊。

有人統計過，美國百分之九十以上的律師資源在替不到百分之五的大企業和有錢人服務，多少需要正義的民眾，卻負擔不起高昂的律師費。這樣的市場結構已經活生生指出：到底律師是在為正義服務，還是在為金錢服務？法律資源分配嚴重不公平，這就是高度資本主義下律師業可悲的一面。

在美國大事務所工作的律師，也要面對慘烈的生存競爭，用盡心思往上爬，並不輕鬆。片中瑪姬與上司麥可私下交往，擔心別人說她用性作為晉升階。可是，同事私下還是開玩笑：「不曉得他們兩個上床怎麼算鐘點費？」「大概用麥可的費率算，他的費率比較高。」「沒辦法，瑪姬是新人，新進律師什麼都得做！」「尤其是oral argument，哈！」

美國法學院的畢業生必須抉擇自己要站哪一邊？

美國法學院的學費逐年提高，學生都有貸款壓力。難怪哈佛法學院的學生入校時，大多數懷抱改變世界的理想，畢業時卻紛紛投入最不想改變什麼的大事務所。這是結構因素使然，近年來在美國也引起許多深入的反省和討論。

國內也有法律資源分配不公的現象，許多貧困的弱勢者無力聘請律師，如果能從法律社會學的角度，實證研究國內律師資源的分配情形，相信會有許多發人深省的發現。

懲罰性賠償

美國有懲罰性賠償制度，其制度的目的是——嚇阻。依照普通法中侵權行為法的規定，如果加害行為是出於「惡意或魯莽」等嚴重不當心態，可處以懲罰性賠償。懲罰性賠償的金額，可以斟酌加害人的財力決定，沒有上限；目的既然是嚇阻，當然要讓被告感到心痛，讓他下次不敢，同時也殺雞儆猴，讓其他人知所警惕。

福特汽車在1981年就曾被判高額的懲罰性賠償，金額高達其淨資產的萬分之五。美國克萊斯勒汽車公司，也曾因為所設計的小型廂型車，車後門閂鎖失靈，導致一名六歲男童在車禍時彈出車外，不幸喪生，被判應賠償兩億六千二百五十萬美元，相當於新台幣八十九億二千五百萬元。其中兩億五千萬美元是懲罰性賠償，實際損害只有一千兩百五十萬美元。

本片的故事，很明顯地證明懲罰性賠償的必要性。沒有懲罰性賠償的話，公司只要拿一些錢買產品責任保險，真的出事時，再拿個幾十萬美元打官司，就綽綽有餘了。反正官司不一定誰贏，輸了也不用賠太多，公司有錢，拖也把消費者拖垮。何必花那麼多錢去召回修補？

本片傑德只有幾名律師、助理幫忙，雅戈公司卻可以找一整個軍隊的律師來對付他們，注定是一場不公平的競賽。如果不是裴凡勇於出面作證，瑪姬變節與父親合作，消費者哪有勝訴之望？

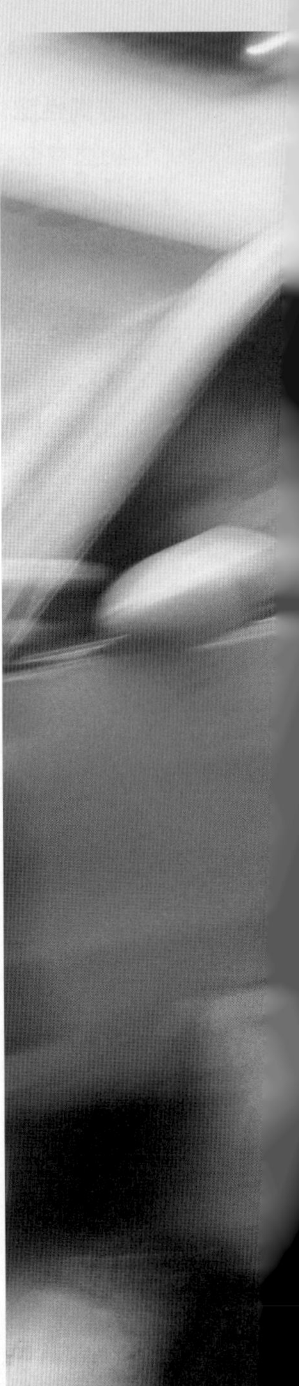

如果有高額的懲罰性賠償，情況就不同了。大企業對消費大眾的安全、健康不得不予以正視，像上述克萊斯勒被判應賠兩億多美元後，汽車業者還敢對消費安全掉以輕心嗎？同時，大企業的和解意願也會提高，不會仗其財勢老打拖延戰術。片中雅戈公司最後就是因為擔心敗訴賠更多，才會答應一億美元的高額賠償。

再配合Contingency Fee的安排，消費者不用先付錢，勝訴時讓律師從高額賠償中抽成。消費者才請得起律師，律師也才願意投注心血替弱者對抗大企業。

簡單講，懲罰性賠償是弱勢的消費大眾對抗大企業的利器。如果企業主管視消費大眾的安全、健康如草芥，就必須讓他們付出慘痛的代價——高額賠償。否則，消費大眾只能做永遠的輸家。

懲罰性賠償對於保護勞工、消費者等弱勢團體、遏阻有財有勢的大企業的不當行為，有強烈的正面效果。尤其會大幅提高大企業的和解意願，敗訴可能賠更多，不如和解，既可疏解訟源，又可平衡訴訟資源的不

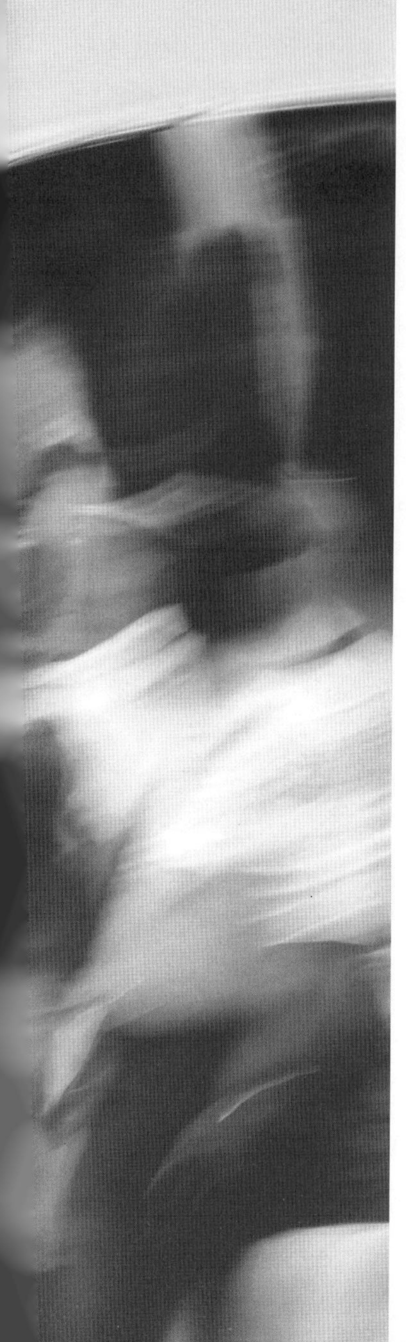

平等，如前述律師業的結構問題，好處多多。

目前國內只有「消費者保護法」及「公平交易法」中有懲罰性賠償的規定，適用範圍有限，而且有不得超過實際損害額三倍的限制，嚇阻效果有限。

國內不僅沒有一般性的懲罰性賠償的規定，賠償金額也普遍偏低。死亡、傷害等損害，在法院都有所謂的行情價。這十幾二十年來，台灣物價飛漲，法院的行情價可沒漲多少。到現在還有百來萬元可以賠一條人命的判決。在美國，麥當勞一杯咖啡燙傷人都要賠六十萬美元，約新台幣兩千多萬元！

損害賠償的方法，原則上是「回復原狀」，意思是說，被害人得到賠償以後，就跟沒有發生損害一樣。一般的財產有市價可以參考，還不致太離譜；人命、身體健康這種損害就只有以金錢賠償，賠償金額由法官裁量。前幾年，有一位民眾被踢破睪丸，法院判決加害人應賠二十萬元。想想看，給你二十萬，把你睪丸踢破，你願不願意？可是在法律上，受害人已經「回復原狀」了！真不知道這位當事人每次上廁所時作何感想？

《聯合報》民國87年8月26日8版以「高額賠償時代來臨？」為標題報導，三陽公司董事長黃世惠控告協力廠商妨害名譽一案，台灣高等法院判決五百萬元的精神慰撫金，寫下「國內訴訟史上因名譽受損個人獲得賠償的最高紀錄」。

其實，筆者在86年間就曾為當事人請求名譽侵害精神損害賠償，獲得五百萬元的勝訴判決（84年重訴字第46號判決），而且該案被告上訴最高法院被駁回，判決確定，原告也透過強制執行取得賠償。

可惜，這兩個案子都不是弱者對抗強者的案子，不是懲罰性賠償的好例子。而且，不管法律上如何自圓其說，民眾一定會質疑：如果三陽黃董的名譽值五百萬，為什麼我的睪丸只值二十萬？為什麼隔壁老王的兒子車禍橫死，一條命只值一、兩百萬？法官大人，為什麼？

15「魔鬼代言人」——律師倫理

Devil's Advocate

「魔鬼代言人」——律師倫理

上帝給人享樂的能力，

卻叫人只能看，不能碰，

明明是個虐待狂。

魔鬼則大肆挑動人類的慾望，

讓人性盡情釋放揮灑，

他才是熱愛人類的人道主義者。

誰敢說二十世紀不是魔鬼的世紀？

片名：**魔鬼代言人（Devil's Advocate）**

導演：泰勒哈克佛

演員：艾爾・帕西諾

基努・李維

這是一部浮士德式的現代道德劇，故事將律師倫理的難題放在自由意志與邪魔誘惑的宗教背景中，既加強前者的深度，也呈現後者的現實性。全片乃由一般的法庭道德劇，提昇而具有一定的哲學、人性深度，編劇頗見巧思。

民國87年，高雄市長大選中，白冰冰拍錄影帶直斥謝長廷替陳進興家人辯護是「魔鬼代言人！」，引起律師公會及法學團體反彈，公開聲明駁斥。律師可不可以做魔鬼的代言人？律師是不是魔鬼般的代言人？相關的討論只觸及問題的表面，本片恰好提供多面深入思考的素材。

凱文・羅邁士（基努・李維飾）是佛羅里達州的鄉下律師，曾任五年的檢察官，是法庭的常勝將軍，從未敗訴。他具有洞察陪審員的神祕魔力，連自己也不知道為什麼。

片子一開始，他在法庭上為一名被控兒童性侵害的教師辯護。卻在檢方傳訊被害人時，從當事人的詭異舉動，發現自己可能被騙，當事人確實可能對學童不軌。

他聲請休庭，躲到洗手間，在片刻的天人交戰後，回到法庭，施展有力的詰問技巧（至少本片希望觀眾這麼認為），將被害學童的可信度推翻，再度寫下一場勝訴紀錄。

一家紐約的大事務所高薪延攬凱文。該事務所位於曼哈頓的摩天大樓，氣派非凡，客戶遍布世界各地，大企業不用說，還代表二十五個外國政府。除了高薪、權勢，事務所還提供中央公園旁的高級豪宅給凱文夫妻，對這對年輕夫婦而言，簡直是美夢成真。

事務所大老闆約翰・密爾頓（艾爾・帕西諾飾）對凱文照顧有加，將大客戶交給凱文處理，並且表明凱文的聰明、才智、能力各方面均屬上乘，但是壓力會改變一切，他要考驗凱文在沈重壓力下的表現。

凱文在一件殺羊獻祭的巫術案件（被控妨害公共衛生），訴諸宗教自由，再獲勝訴。但他沈浸在工作中，忽視家庭，逐漸使妻子不滿（這點恐怕是當律師老婆的宿命）。妻子的日常生活也出現一些邪惡的異象，精神惶惶不安。密爾頓得悉以後，勸凱文放下手上的大案子，回家照顧妻子。凱文卻說，他擔心放棄這次機會，即使妻子回復健康，他卻因此而恨她。不如等案子結束，再全心照顧她。

事務所的大客戶，紐約知名的猶太地產商人艾力・庫倫，被控謀殺妻子、養子和家中的女傭。密爾頓將此案交給凱文，同事務所律師艾迪大感不平。該案犯罪現場有艾力・庫倫的血指紋，犯案凶器——手槍上也有他的指紋。凱文調查發現，艾力・庫倫與妻子的婚前協議，約定兩人如果離婚，妻子所獲財產極為有限；但是，如果艾力・庫倫有婚外情，則另當別論，妻子可以依法請求平分財產。艾力之妻死前幾天，曾向友人透露她發現丈夫在外亂搞。這就構成了殺人動機，罪證相當充分。

艾力・庫倫提出不在場證明，凶案現場指紋則說是他回家看到駭人的血案，驚慌之下，不小心碰到的。不在場證明是他的祕書，兩人間有長期的姦情，命案當時，兩人正在辦公室辦事，因此不可能回家犯案。

凱文與艾力的祕書面談，卻發現這名祕書顯然不知道艾力有沒有行過割禮。長期的姦情，卻連姘夫有沒有行過割禮都不知道！凱文知道自己上當了，人是艾力・庫倫殺的沒錯！

他氣憤地向密爾頓說明此事，密爾頓叫他憑自己的直覺判斷，無論凱文決定怎麼做，他都支持。他說：「也許該是你輸的時候！」

凱文仍舊傳訊艾力的祕書，案子勝訴。他卻發現艾力與他領養的女孩可能有不可告人的關係，這才是真正的殺人動機！同時，凱文的妻子精神崩潰，聲稱她被密爾頓強姦，可是當時密爾頓人在法庭中，凱文親眼看到；同事艾迪不滿凱文升得太快，揚言對事務所不利，卻意外被幾名流浪漢打死。一連串的打擊使凱文方寸大亂。

此時，司法部的調查員找到凱文，他透露事務所其實在協助走私軍火、化學武器、販毒、洗錢等不法勾當。艾迪是其中要角，他要求凱文合作，以免越陷越深。凱文不聽，調查員質問他：記得他辦過的那件兒童性侵害案件嗎？前幾天被告教師蓋堤的車後行李廂被發現一名十歲小女孩的屍體！凱文嚇得跑開，調查員又意外被車撞死。

凱文的妻子在醫院自殺，前來照顧的凱文的母親終於向凱文透露——密爾頓是邪惡的化身，也是凱文的父親！

凱文找到密爾頓理論，是全片最精彩的一段，艾爾・帕西諾魔性的演出，深具說服力。

真相是，密爾頓即是魔鬼撒旦，多年前誘惑信仰虔誠的凱文的母親產下凱文，如今要培養凱文成為他的接班人。

凱文指責密爾頓陷他於不義。沒有錯，可是這不是凱文自己的選擇嗎？凱文發現教師可能真的有對學童性侵害，仍然盡力為他辯護；訴諸宗教信仰自由，替巫術辯護，也是凱文自己；發現艾力・庫倫的祕書說謊，仍然傳訊她做偽證。

密爾頓不是勸他放下案子，回家照顧妻子嗎？不是告訴他：「也許該是你輸的時候」嗎？但是凱文自己拒絕了，他不能輸，他不會輸！

這些事實，證明了凱文的自欺與虛榮，這是人性的基本罪惡。一切都是凱文基於自由意志的決定，魔鬼不過提供了機會而已！凱文無詞以對。

密爾頓要凱文放棄可笑的罪惡感，上帝給人享樂的能力，卻叫人只能看，不能碰，明明是個虐待狂。他則大肆挑動人類的慾望，讓人性盡情釋放揮灑，他才是熱愛人類的人道主義者。誰敢說二十世紀不是魔鬼的世紀？

凱文反問，在《聖經》中，魔鬼最後失敗了。密爾頓冷笑，這是上帝的信徒寫的，他要把天堂搞垮，改寫魔鬼版的《聖經》。他許諾給凱文一切享樂的極致，共組一個反基督家族。

凱文完全被密爾頓的魔力和雄辯震懾住。結局時，凱文一念之間，拔槍自殺，魔鬼的精心安排沒有得逞。凱文一瞬之間，跨越時空回到佛州地方法院的洗手間，正是當初他天人交戰的時刻。

他回到法庭，突然向法官表示要終止委任，不再替被告辯護，法庭內一片譁然，凱文可能面臨嚴厲懲戒，甚至除名。凱文與妻子相偕揚長而去，記者在後追問案情內幕，常勝律師為了正義突然退場，這是天大的新聞。記者保證新聞炒熱之後，沒有人敢懲戒他。

結局：記者原來也是魔鬼的化身，凱文似乎又陷入新聞焦點的虛榮誘惑中。正邪之間的鬥爭，永無止息。

自由意志與罪惡的誘惑，是從亞當、夏娃偷嚐禁果以來亙古的道德哲學論題。哲理上無窮的爭辯，在現實生活中卻具體而真實，尤其對律師而言。法律人應該和不是唸法律的人一起看這部片子，少發議論，聽聽別人的觀後感，也許可以有一些跳出成見的反省。本片的攝影和場景詭異驚人，是全片成功的關鍵因素。看艾爾·帕西諾表演，則是一大享受。片中的法庭戲劇情節並不精彩，基努·李維空有外表，演律師還差一截。

本片有許多值得探討分析之處：

魔鬼代言人——理論與現實

白冰冰挑起的「魔鬼代言人」之爭，其實應該分成兩個層面的問題：律師可不可以做魔鬼的代言人？以及律師可不可以用魔鬼般的方式代言？兩者都是律師倫理的基本問題。

當時的爭論，焦點集中在第一個層面——律師可不可以替壞人辯護？卻忽略了第二個層面更大的問題。就第一個層面而言，白冰冰的指責是錯的。律師不但可以、而且應該替壞人辯護。為什麼？

因為「壞人」也可能被冤枉；因為法治的社會中，只有經過公正的審判，才能判決被告是罪犯，才能施予懲罰，而律師辯護是公正審判不可或缺的要素。

即使是罪證確鑿，無可置疑的被告，也有權利透過律師協助，在審判中提出有利的事證，爭取從輕量刑。

公正的審判，表示檢方可以攻擊，被告則有權防禦。為彌補被告法律專業知識的不足，被告有權請律師協助辯護。如果否定這項權利，猶如拳擊比賽中，綁住對手的雙手打拳擊，公平嗎？還不如直接把被告判決處刑，何必審判？

這就是為什麼所有民主法治國家都承認被告有請律師協助辯護的權利。針對重大案件或智障的被告，我國法律還規定，法院應指定公設辯護人免費為被告辯護（刑事訴訟法第三十一條）。民國93年，政府還出資設立法律扶助基金會，協助無力負擔訴訟費用及律師報酬的人民打官司。

像陳進興這樣「十惡不赦的壞人」，也可以請律師辯護嗎？二次大戰後，納粹戰犯在紐倫堡大審、日本軍閥在東京審判中，都有律師辯護，也都是免費的。

要審判不義，審判本身必須是正義、公正的審判。

以上是律師辯護制度的原理，律師公會的聲明也講得很清楚，無待深論，有問題的在第二個層面：

律師可不可以教被告如何說謊？

律師可不可以教被告如何湮滅或偽造證據？

律師可不可以教證人如何做偽證？

律師可不可以勾串共犯，教他們套招配合彼此的說詞？

這些問題，可以說是執業律師每天都要面對的職業倫理的考驗。「律師，我開庭要怎麼講？」「律師，證人×××開庭時怎麼講比較好？」「法官如果問這個，應該怎麼回答？」

律師法第一條規定：「律師以保障人權、實現社會正義及促進民主法治為使命。律師應基於前項使命，誠實執行職務，維護社會秩序及改善法律制度。」懷抱保障人權、實現正義崇高使命的律師，必須誠實執行職務，豈可無所不用其極，使當事人脫罪？

上述4個問題，答案都是No！律師法與律師倫理規範上規定律師對司法機關「不得有矇蔽或欺誘之行為」、「不得誘導證人為不實之陳述」、「不得偽造變造證據、教唆偽證或為其他刻意阻礙真實發現之行為」（律師法二十八條、律師倫理規範第十六條、二十三條），規範意旨相當清楚。違反的話，應付懲戒；嚴重情形，還有刑責。

實際情形如何？法院是世界上謊言最多的地方之一，跟中古車賣場差不多。原告、被告雙方對事實各執一詞，總有一方在說謊，或多或少。當法官的基本訓練之一，就是學會判斷「誰的話較可信？」這些謊言之中，有多少是經過律師「加工」的呢？

律師倫理固然規定明確，但是當事人才是律師的衣食父母；而且，真有違反律師倫理的行為，當事人不講，誰會知道？

因此，律師倫理雖然規定的漂亮，法學院不教、律師考試不考，市面上也沒有一本像樣的教科書，其地位如何，不問可知。

多年來，律師的職業倫理意識似仍未有顯著的提昇。筆者多年前建議律師公會找外國律師倫理的書，翻譯引介給國內律師同道參考。然主事者志不在此，至今國內仍缺乏一本完整、現代的律師倫理教科書。

本片，凱文認定艾力的祕書所提不在場證明是在說謊，卻仍傳訊她做證，顯然構成偽證的共犯。但是，他能甘冒必然打輸官司、得罪大客戶的風險，拒絕傳訊嗎？他能不顧自己在事務所的前途嗎？

這就是律師會成為「魔鬼（般的）代理人」的制度上的原因。如何解決？筆者沒有理想的答案。就此而論，「魔鬼代言人」的指責，可以成立。

辯論的原則——過猶不及

民國87年高雄市長選舉，謝長廷以幾千票險勝吳敦義，令人跌破眼鏡。選後輿論分析，認為白冰冰罵謝長廷「不是人！」的錄影帶，給吳敦義幫了倒忙。殺敵三千，自損一萬，在選戰最後的關鍵時刻，發揮了決定性的作用。如果這一看法成立，從辯論術的角度看，深具啟發性。

筆者在電視上看到白冰冰錄影帶的片段，坦白說，影像、修辭的衝擊力相當驚人。吳敦義競選陣營想必也認為可藉此給謝長廷沈重的一擊。

但是，「律師不該替壞人辯護」的說法，違背基本的法治觀念；謝長廷營救人質、勸服陳進興棄械投降，卻被與陳進興劃上等號，也過於離譜，偏離常識太遠。

白冰冰因白曉燕命案而取得龐大「受難母親」的形象，本來令人很難加以反駁。但是，她跨入選戰之中，直接批評候選人，就不是單純抒發被害人家屬的心聲，而是就政治公共事務發言，從而，也必須接受公共領域言論標準的公評。違反基本法治觀念、偏離常識太遠的說法，修辭再有力，也難以取信於人。反而因為強烈影像、修辭的反作用力，產生反效果。

謝陣營沒有罵回去，反而訴諸化解怨恨，從容應對，連消帶打，確實高明。

如果將選戰比喻成訴訟，選民就是陪審團。選戰的攻防不是竭盡全力攻擊就會勝選，攻擊得過火，不但喪失己方的可信度，也引起選民反感；不僅無益，而且有害，還不如不攻擊。

有效的攻擊，在能說服選民，而不是自己罵得痛快，發洩情緒。吳敦義陣營如果不打這張牌，選戰結果有所不同，亦未可知。那麼，白冰冰這張牌一定不能打囉？

不然，如果用哭的，而不是用罵的，後來當選高雄市長的可能就不是謝長廷！

16「新12怒漢」——陪審團

12 Angry Men

「新12怒漢」——陪審團

法律應該是客觀、公正、合理，

遵循一定的邏輯和原理原則。

遺憾的是，真正適用法律的是「人」，

人性中偏私、狹隘、軟弱、懶惰等種種弱點與盲點，

必然地反映到有關法律的論辯中。

即使是受過專業訓練的法官、檢察官、律師，

也不可能完全避免。

理論上，當事人主義必須檢辯雙方旗鼓相當，

一樣高明或一樣菜都無妨。

但不能差距太大，

否則就會像拳擊賽中蠅量級迎戰重量級的對手，下場通常很慘。

片名：**新12怒漢（12 Angry Men）**

導演：羅曼・波蘭斯基

演員：傑克・李蒙

喬治・史考特

本片是四十幾年前（1957）的經典名片「十二怒漢」的老片新拍。老影迷想必忘不了當年這部劇力萬鈞的黑白片中，亨利方達正氣凜然的形象。

故事是敘述一位十八歲的青年被控謀殺親父，十二位男性陪審員在熱天午後擠在狹小，燠熱的房間中激烈討論如何判決。一開始，十一票認定有罪，只有亨利．方達（新片中是傑克．李蒙）獨持異議。

隨著故事發展，法庭上看來鐵證如山的「事實」，逐漸一一被質疑、挑戰、甚至推翻，陪審團封閉的心靈也逐一打開。

從戲劇結構來看，故事是簡單的法律推理劇，場景只有一個陪審團的小房間（除了片頭一小段，審判將結束，法官向陪審團指示如何秉公判決），十二位陪審員從頭到尾不斷互相質疑辯難、甚至爭吵叫囂，戲劇的張力完全靠演員演技來發揮。

當年的青年導演薛尼・盧梅（Sidney Lumet）以黑白片拍攝，隨著劇情發展，陪審團從午後討論到深夜，黑白片的影像風格越趨凝重、深刻，亨利．方達所代表的自由派人道主義者，展現出冷靜、理性、寬容、正直、勇敢不屈等超凡動人的特質，看了真叫人熱血沸騰。

猶如許多偉大的法律電影，本片在個案的對錯之外別有深意，劇本藉此一故事闡揚基本的法律理念。片中個別演員以不同的出身背景，分別代表不同的法律理念與人性觀，因此陪審團討論過程也充分反映出不同理念、觀點的交鋒，值得再三玩味。

如果回溯每位陪審員的出身背景與基本動機，再審視其在討論過程中的立場、見解、論證方式與過程，以及為何、如何改變原本有罪的確信，當可對人性有深一層的理解。

例如，其中一位陪審員，只想趕快定案，他好趕去看球賽，所以對不同意見者大發脾氣，可是等到票數六比六旗鼓相當時，卻決定見風轉舵，以便早點結束。被告的生死，對他而言，竟然比不上一場球賽重要！

法律應該是客觀、公正、合理，遵循一定的邏輯和原理原則。遺憾的是，真正適用法律的是「人」，人性中偏私、狹隘、軟弱、懶惰等種種弱點與盲點，必然地反映到有關法律的論辯中。即使是受過專業訓練的法官、檢察官、律師，也不可能完全避免。此所以，法律人應該必備的基本素養是——保持開放的心靈。

本片雖然是一部文以載道的電影，卻不流於說教。透過精彩的對白和演技，無罪推定原則、對生命的尊重、證據推理的客觀、嚴謹等，在折衝辯難過程中，理性的力量逐步戰勝偏見、成見，使這些法治的基本原則，不再只是僵固的文字，而成為鮮活、人性化的教材。

新片對原劇本有重大修改，雖然基本結構不變。原劇中，被告是黑人，陪審員全是白人，其中一位是對黑人充滿種族偏見的白人種族主義者。在五〇年代，種族問題仍是美國政治、社會中爆炸性的議題，本片正面迎擊此一議題的道德勇氣，令人欽佩。

如今，種族議題雖然仍是美國政治社會的一大議題，但種族議題的形式、內容已大為不同。所以，新片中被告不是黑人，似乎是拉丁美洲移民後裔，陪審員中也有四位黑人，白人種族主義者變成種族偏見的回教徒。這樣的修改使原片中的真實性和戲劇張力大為削弱，種族議題的重要性和普遍性也不復存在，誠屬可惜。

亨利．方達的正直英雄形象恐怕也不適合世故、犬儒的九〇年代，所以新片中傑克．李蒙的演出也顯得機巧、老練而軟弱，看不出原片中亨利．方達的誠摯與力量。

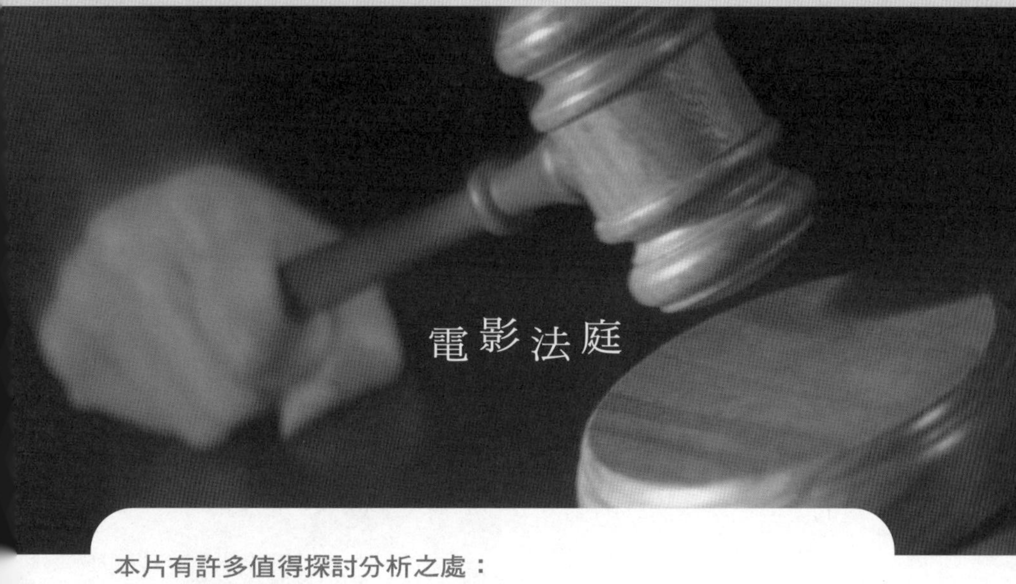

本片有許多值得探討分析之處：

陪審團制度

受陪審團審判雖然是美國憲法保障的基本人權，但實際上，美國的刑案有百分之九十以上並不是以審判解決，而是透過認罪協商結案的。真正進入審判的案件，有的是由法官審判，稱為bench trial，並不是每件都採用陪審團。這點，是慣於看好萊塢法庭電影的人所不知道的真相，包括許多美國民眾在內。

陪審團制度的利弊得失，也是美國司法改革的重要議題之一，正反意見紛呈，理論與實證研究相當豐富，無法在此細談。

筆者在美國進修期間，多次到聯邦法院與州法院參觀審判，真所謂百聞不如一見，對美國司法審判程序所展現程序正義的法治精神，印象深刻。法官在審判開始，陪審團挑選出來之後，照例要給陪審員一段簡短的指示，稱為Jury Instruction，指示的內容以及法官莊嚴鄭重的態度最讓筆者感動。

手邊正好有一冊美國聯邦司法中心（Federal judicial Center）出版的《美國聯邦地區法院法官手冊》（Benchbook for U.S. District Conrt Judges），其中有一則範例，值得翻譯出來以供參考（按這只是範例，個別法官會依其辦案經驗與個案需要，斟酌增減）：

諸位陪審員，現在你們已經宣誓，我要給你們一些準備性的指示，以引導你們參與審判。

陪審團的任務

你們的任務是從證據中發現事實，而且只有你們是事實的裁判者。然後，你要根據法院所指示的法規，適用到所發現的事實。你們必須遵照這些法規，不論你們是否同意他們。

在審判過程中，法院的一切言行都無意思暗示，或被解讀為暗示你們應該如何判決。

證據

你們所要用以判斷事實的證據，包括證人的證言、文件及其他列入紀錄的物證，以及其他雙方合意確認之事實（按類似自認），或法院指示你們接受之事實（按如司法認知，judicial notice）。

某些事物並非證據，並且你們不應列入考慮。現在列舉如下：

1. 律師的陳述、論證以及問題並非證據。

2. 對問題的異議並非證據。當律師認為被提出的證據依證據法規定是不當時，他們有義務為其當事人向法院提出異議。你們不應該受到異議或法院裁定的影響，如果異議成立，就將原來的詢問置之度外；如果異議被駁回，對證人回答的證言與其他證言應同等對待。如果你們被指示特定證據應在限定的目的範圍內被採納，你們必須遵守這項指示。

3. 被法院排除或告訴你們忽視的證言，不是證據，而且不能被斟酌。

4. 任何你在法庭外所見聞的事物都不是證據，並且應予置之度外。你必須只根據在法庭內呈現的證據來決定本案。

證據分成兩種：直接證據與情況證據。直接證據是特定事實的直接證明，例如目擊證人的證言。情況證據則是某一事實的證明，根據此一事實，而推論或斷定另一項特定事實的存在。我們在審判結束前，會就此及其他事項給你們進一步的指示，但請記得，這兩種證據你們都可以斟酌。

完全由你們來決定要採信那個證人、不採信那個證人，以及採信或不採信任何證人證詞的一部或全部。我會在審判結束前就證人可信度的判斷，給你們一些引導。

刑事審判的原則

如你們所知，這是一個刑事案件。刑事案件有三個基本原則，你們必須謹記在心：

第一，被告在證明有罪之前被推定為無罪。檢方提出的起訴書只是一份指控，僅止於此。它不是有罪或其他任何事物的證明。因此，被告一開始毫無污點。

第二，舉證責任在於檢方，直到本案的終點。被告沒有義務證明自己無辜，或提出證據，或出面作證[1]。既然被告有權保持緘默，法律禁止你們斟酌被告未出面作證之事實，而達成判決。

第三，檢方必須證明被告有罪達到無合理懷疑的程度。稍後，我會就此點給你們進一步的指示，但請記得，就這方面，刑事案件與民事案件有所不同。

陪審團的行為

現在，有些話是有關你們做為陪審員的行為：

第一，我指示你們，在審判過程中，你們不得與任何人討論本案，或允許任何人找你討論。直到審判結束，你們回到陪審團的房內討論判決以前，你們不得談論本案。

第二，不要以任何方式讀或聽任何涉及本案的事物。如果任何人想和你談論本案，立刻向法院陳報。

第三，不要嘗試自行就本案從事任何調查或研究。

最後，在所有證據呈現完畢以前，不要形成任何意見。保持開放的心靈，直到審判結束開始討論時。

審判程序

審判等一下會開始。首先，檢方會有個開場白（opening statement），那只是幫助你了解證據的大綱。接著，辯方律師也會有開場白，但不是必要的。開場白既非證據，也不是辯論。

然後檢方會提出其證人，而辯方律師可予以反對詢問。檢方舉證完畢後，辯方可以，如果他願意，提出其證人，而檢方亦可反對詢問。等所有證據都進來以後，律師們會進行言詞辯論以為你們摘述、詮釋證據，而法院會指示你們有關法律的部分。之後，你們回到陪審團室討論判決。

像這樣簡潔、中立的指示內容，充分顯現美國法庭的公正無私形象。從法律社會學或人類學的角度來說，法庭程序其實是表彰特定價值理念的儀式。實質的內容是否符合公平、正義姑且不論，但儀式本身卻是具象的、民眾尊崇信賴的基礎。

實證調查顯示，許多被挑選為陪審員的美國民眾，都把此

一職務視為嚴肅認真的公民義務。不過，也有不少人認為：陪審團的工作只是浪費時間、審判過程很無聊（大多數的審判不像好萊塢電影那麼有戲劇性）、大部分律師喜歡雞蛋裡挑骨頭……。

本片是一個殺死親父的謀殺案審判，案情夠聳動，照理陪審團應該很有興趣，可是多數陪審員在一開始就覺得罪證確鑿，毋庸置疑，沒什麼好討論的。一方面反映出絕大多數人都容易不經深思就接受「第一印象」或表面的「事實」（這點，早為心理學研究所證實）。另一方面，也顯示本案貧窮的被告由法院指派的律師欠缺經驗或根本不盡職，才會讓本案看起來一面倒。

這就是美國高度技術性的訴訟制度加上當事人主義產生的實務現象。理論上，當事人主義必須檢辯雙方旗鼓相當，一樣高明或一樣菜都無妨。但不能差距太大，否則就會像拳擊賽中蠅量級迎戰重量級的對手，下場通常很慘。

還好，本案中有像亨利方達或傑克李蒙這樣不盲從的獨行俠，被告才能逃脫一死。不過，這當然不是正常的現象，被告應該獲得有效的律師辯護協助，才是符合法治的常態，但這主要是資源問題，即使國力雄厚如美國，在這方面也頗受詬病。

本片傑克李蒙能翻案成功的關鍵，是藉著嚴謹客觀的證據推理將不利於被告的證據一一推翻或找出強烈的疑點，尤其是有關目擊證人部分。其推理之漂亮令人激賞，一般律師也未必有這種本領，法律系的課程裡並沒有這種訓練。

目擊證人的指認是否有誤，是心理學與法律科際整合研究的重要課題。國外相關文獻多不勝數，實務上也發展出一套據以研判目擊證人指認可信度與避免指認錯誤的系統性方法。

美國有件轟動一時的案例，一位羅馬天主教的神父帕加諾，被七位目擊證人宣誓指認，說他就是連續持械搶劫的歹徒。神父堅稱無辜，沒有人相信。直到真凶克勞舍出面投案，坦承犯罪，檢方才撤銷對帕加諾神父的控訴。真凶克勞舍說，他原本以為神父不會有事，所以一直沒有出面投案。

目擊證人的證詞有時錯的太離譜，連真正的歹徒都看不下去！

國內近一、兩年也有一、兩件轟動的案件，如「東海之狼」紀富仁案、「計程車之狼」羅讚榮案，涉及目擊證人的指認是否錯誤，後來因為DNA比對不符而獲得平反。

筆者實務上的辦案經驗，也發現許多時候，目擊證人的可信度被過度高估。最近撰文推介《辯方證人》一書，即是美國此一領域的權威心理學家伊莉莎白・羅芙特斯的精彩作品，對此問題有興趣的讀者，可以參閱。

本片適合法律系學生和司法官訓練所的學員觀賞，也值得每位關心正義、法治的人士再三玩味。

1. 按，在美國，被告也可作證，其作證與一般證人同，要坐在證人席、宣誓，如有偽證，被告也要負偽證罪責。

17「法網邊緣」——環保訴訟

A Civil Action

「法網邊緣」——環保訴訟

律師施利特曼宣告破產，他的銀行戶頭只剩十四美元存款。

債務則高達一百二十幾萬美元。

三十九歲的施利特曼把本案四百多箱卷宗丟進垃圾車，

他望著卷宗內成千上萬的紙張說：

「這些紙，是我九年的生命。我為什麼要幹這事？」

他自己回答：

「傲慢、貪婪和野心。既做好事又發財。」

片名：**法網邊緣 （A Civil Action）**

導演：史蒂芬・饒利恩

演員：約翰・屈伏塔

勞勃・杜瓦

本片是根據美國暢銷書「A Civil Action」（中譯名亦為《法網邊緣》，聯經出版）改編拍成。該書獲得1995年美國國家書評獎，內容記述一件發生在波士頓地區的環保訴訟真實案例。該案在美國轟動一時，《法網邊緣》一書也被哈佛、耶魯等十多所美國法學院列為必讀的參考書籍，可見其重要性。1999年初，哈佛法學院邀請雙方律師、陪審員、原告、專家證人（即我國之鑑定人）、本案作者、本片導演、環保署官員以及來自全美各地的學者，共同參與研討本案，有興趣的讀者可以上網看看哈佛法學院為此一研討會設置的網站（http：//cyber.law.harvard.edu/acivilaction）。

故事的起因是波士頓北邊一處名叫沃伯恩的小城，發生多起兒童白血病案例，受害者懷疑是飲用水遭到污染所導致，於是延聘律師研究調查。起先沒有律師要接辦，卷宗在幾個律師間踢來踢去（這種案件被戲稱為沒人要的「孤兒」），後來案子到了律師施利特曼（約翰・屈伏塔飾）手上。

施利特曼不像好萊塢電影中無私奉獻的正義律師，他穿名牌西裝、開保時捷跑車，注重排場。原本他也決定放棄，告訴受害家屬愛莫能助。電影中，他戲劇性地在回波士頓途中超速，被警察攔下來開罰單，一時興起沿著河岸往上走，意外發現水源地上有兩家大公司的工廠——格雷斯公司與貝特麗絲公司。這兩家都是《財星》雜誌五百大企業排行前面的大公司，這下子猶如發現金礦，施利特曼決定接辦本案，因此改變了他的一生（按，實際情形沒有這麼單純，本案一開始是由一家公益性的法律事務所承辦，施利特曼只是協辦，後來因情勢發展才改由施全權主導）。

本案涉及相當複雜的訴訟程序，自1982年起訴到1987年第一階段的審判結束，歷時五年多，陪審團初步認定格雷斯公司確有污染水源，貝特麗絲公司則沒有。原告方面已花費二百二十萬美元的訴訟費用，全部由原告律師事務所支付，而瀕於破產，無力進行後續訴訟。

於是，原告與格雷斯公司談判和解，最後以總額八百萬美元成交（等於八個受害家庭各得一百萬）。原告律師獲得二百六十萬美元的報酬，但扣除二百二十萬美元的訴訟費用、協辦律師分一杯羹，以及事務所的開銷，施利特曼的事務所不僅沒有獲利，還負擔鉅額債務。他喪失心愛的保時捷，信用也破產了。雖然獲得和解賠償，但以美國的標準看，八百萬美元算是小兒科。對施利特曼等因此負債的承辦律師而言，則根本連「慘勝」都談不上！

故事並沒有就此結束。施利特曼鍥而不捨，針對貝特麗絲公司提起上訴，漫長的上訴程序又歷時數年，到1990年才結束。其間發現貝特麗絲公司的證人做偽證，律師隱匿證據被法官認定為「故意行為不當」，施利特曼也提出許多有力的新證據，證明該公司確有污染。但結果法官均不予採信。施利特曼單槍匹馬耗費數年的努力，盡皆付諸東流。

結果，施利特曼宣告破產，他的銀行戶頭只剩十四美元存款。債務則高達一百二十幾萬美元。三十九歲的施利特曼把本案四百多箱卷宗丟進垃圾車，他望著卷宗內成千上萬的紙張說：

「這些紙，是我九年的生命。我為什麼要幹這事？」他自己回答：「傲慢、貪婪和野心。既做好事又發財。」

施利特曼後來流浪到夏威夷，1993年重返波士頓，從事與法律無關的工作。

另一方面，環保署後來認定這兩家公司造成污染，並宣布一項整治地下水的方案，估計要花五十年完成此項工作，耗資六千九百四十萬美元，是新英格蘭地區最大、花費最多的工程。兩家公司同意支付工程費用。

整治的目的是讓該地區變得適宜人類居住。不過，鑑於污染物的性質，要從地下水深處徹底清除污染是不可能的。只有大自然能完成這項工作，但要花數千年的時間。

本案具備美國民事訴訟的基本特徵，但並不是典型的案例，因為這些特徵都發展到極致的程度，不是一般案件可以比擬。例如：高昂的訴訟費用、冗長複雜的訴訟程序、律師大玩訴訟技巧、科學證據的高度爭議性、專家證人南轅北轍的鑑定意見、高額賠償、幾乎無所不用其極的談判手法等等。

就像蘇建和案是挑戰我國刑事訴訟程序每一個環節的特殊案例，本案也觸及美國民事訴訟程序的諸多爭點，拜施利特曼堅持到底之賜，本案從頭玩到尾，才讓美國法學院有如此精彩、完整的教材。

本案不管從證據法、民事訴訟法、律師倫理、訴訟技巧、談判實務、法律制度批判等各方面檢討，都有討論不完的議題和觀點。不過，該書中譯本書介稱之為「準律師必讀的求生手冊」，並不實際。本案對美國準律師最大的教訓，不是如何打這種官司，而是千萬別碰這種案子，看看施利特曼的下場：「我挖了一個很大的洞。一個人不能挖太大的洞啊！」就知道了。

美國一般民事訴訟的冗長、複雜、昂貴與高額賠償，遠遠超過台灣。其中很多是我們學不來，也學不起的。美國學界、民眾對此也頗為詬病，前幾年陸續有一些法案通過，改革侵權行為法，成效如何還有待觀察。

正因為美國民事訴訟高昂的訴訟費用，不是一般小市民負擔得起，實務上通常承辦律師會與原告約定所謂「成功報酬」。意即，訴訟中原告不負擔任何費用，全部訴訟費用由律師支付，但所得的賠償，律師可以抽成（一般是三到四成）。不過，如果敗訴，律師一毛錢也拿不到，還要承擔全部訴訟費用。

如此，小市民才打得起官司，有本錢對抗製造污染、剝削勞工、傷害消費者的大企業。而律師有高額賠償（特別是懲罰性賠償）的抽成為誘因，也才願意為小市民伸張正義。這就是施利特曼所說的：「既做好事又發財。」

本片有許多值得探討分析之處：

律師表現

施利特曼虛華浮誇的生活方式，不符傳統濟弱扶傾的英雄形象。有些人批評他動機是發財而非社會正義，為了獲得更多賠償拒絕早期較高的和解金額，最後賭輸了、賠得很慘，活該。連施利特曼也說自己「傲慢、貪婪」。

同為律師，我卻有不同看法——上述批評並不公平，見樹不見林。本案原本沒有任何一位律師敢辦、願意辦，如果不是施利特曼決定接辦，而且奮戰到底，本案早就無人聞問，原告得不到任何賠償，被告公司嚴重污染地下水的真相也不會被揭發出來。他為每戶受害家庭爭取到四十幾萬美元的賠償，以美國標準，雖然不高，但以國內死亡賠償通常只有一、兩百萬元的標準，已經是天價了！

施利特曼明知所得賠償有限，自動降低約定的律師報酬，由百分之四十降為百分之二十八，可見並非純粹唯利是圖。

尤其與格雷斯公司和解後，多少人勸他就此罷手，他卻耗費數年光陰針對貝特麗絲公司部分上訴，以致後來傾家蕩產卻一無所獲。這絕不是工於算計的賭徒作風。也許是毅力、執著，也許是瘋狂、偏執，他就像唐‧吉訶德大戰風車般，負隅頑抗，最後敗給司法體系。這也許不智，但絕非貪婪。就算不智，他堅毅不屈的結果，不是揭發了貝特麗絲公司也有污染的事實真相嗎？如此不計個人利害的義行，有何報酬？

至於動機與賭性部分，其實美式的「成功報酬」制度就是在鼓勵「賭」。如果沒有發財機會，多少律師會去幫助此類案件的受害者？何況要負擔上百萬美元的訴訟費用？

不過賭要賭得高明。雖然這場賭局，原告的贏面很大（被告律師事前抽樣調查，百分之八十二的民眾認為，大公司應為有毒廢棄物造成的損害負責，百分之七十七認定被告應該賠償白血病患者），但是，這是一場長期的賭賽，辯方採用消耗戰、拖延戰術，原告律師的賭本不夠，第一局上半場就用完了，只好認賠殺出。就此而論，這還是一場注定不公平的賭局。

反觀辯方律師，費舍爾（勞勃‧杜瓦飾）的名言是：「什麼是真相？真相就是無底洞的那個底！」他還任教於哈佛法學院講授審判實務技巧呢！如果說施利特曼動機不純正，那麼這一群辯方律師，拿大公司數百萬美元的律師費用，用盡心機對付一群飽受白血病折磨的小市民，又算什麼？是不是要請白冰冰小姐出來拍個錄影帶評論一下？

至於原先承諾要主辦本案的公益性法律事務所就甭提了，他們後來撒手不管，等到事成之後，卻根據合約吵著要施利特曼份一杯羹，平白要走了三十萬美元。真是名利雙收的公益事業！

施利特曼確實發現了金礦，可惜金礦藏在深山之中，開採到一半就破產了，只挖到表面。但是他以一家小事務所孤軍深入，斬將搴旗，最後彈盡援絕而落敗，誠屬悲壯，令人同情。

施利特曼真正可批評之處，不在於其動機或作風，而在於其專業表現。在訴訟程序中，他犯了許多蠻嚴重的錯誤，如調查階段時情緒失控、罵三字經干擾對方律師問證（deposition）差點被懲戒，也使承審法官留下惡劣印象；多次不經意得罪法官：沒有把專家證人準備好就讓他上法庭；詰問貝特麗絲公司的偽證證人時軟弱無力……。其中許多都是訴訟律師的基本觀念，可以避免、也應該避免的錯誤，但他卻都犯了。而且在審判階段患得患失、小題大作，把一些枝微末節的事誇大解釋成對誰有利或不利。

這要歸咎於其經驗不足，不夠冷靜。美國律師中真正有豐富審判經驗的人其實很少，因為百分之九十以上的案件，都是以和解解決的。但話說回來，他在內外交逼下孤軍奮戰，長期失眠，能有如此表現，已屬難能。

法官惡整

協辦本案的哈佛教授查爾斯・內森說：「我過去一直相信只要你下足夠的功夫，司法就能做到公正。我覺得法官如果看到有人行騙，就該給以懲罰。沃伯恩這個案子使我極為失望。」這句話是在暗批主審的斯金納法官，不過也暴露出內森是學院派的蛋頭學者，過去對實務的了解過於理想化、而且膚淺。

主審法官對審判程序如何進行有決定權。正如會議中議程與議事程序的主控權，相當程度可以影響會議的結論（看看當年因國大修憲延任案而下台的國大議長蘇南成就了解）。斯金納法官決定的審判程序很難說不公正，但卻是對原告很不利的審理方式。

他把審判切割成幾個階段，首先處理被告公司有無污染地下水的問題，這個階段主要是一些複雜、高度爭議的科學證據，把陪審團搞得頭昏腦脹；他指示陪審團認定一系列複雜難解的事實問題，包括確定污染的時間（這是連作證的專家也無法確認的問題）。

第二階段審理地下水污染與白血病有無因果關係，最後，第三階段才是原告的損害有多大。也就是說，受害原告感人的告白要到最後才能提出（這是原告方面有力的部分）。

結果，貝特麗絲公司在第一階段就因證據薄弱被認定沒有污染，而得以脫身。

斯金納法官與貝特麗絲公司的首席律師費舍爾是大學同學，這當然不是說法官因此必然徇私。不過，斯金納法官在施利特曼上訴發回更審後的表現，確實令人失望。對貝特麗絲公司的證人做偽證、律師隱匿證據等嚴重影響審判公正的問題，他的處理方式是雙方各打五十大板，用機巧的法律邏輯封殺掉上訴的可能性。上訴法院也在尊重下級審裁量權的原則下同意就此結案。

其實，共和黨的雷根、布希主政期間任命了許多保守派的聯邦法官，他們對控告大公司的案件並不友善，毫不足怪。這點，恐怕是國內盲目崇拜美國法治的人所不了解的內幕。

科學證據

本案最驚人的地方，是科學證據的部分。包括地下水研究報告、井水使用紀錄、地質鑽探等，受害者的醫療紀錄更不計其數，參與本案的各方面專家有四十三個，調查到一半相關證詞副本的數量，就累積達到一百五十九卷，二萬二千多頁。誰看得完？誰能全部看懂？

這也是美國民事訴訟昂貴的主因之一（另一個原因是高昂的律師費）——精密的科學證據。雙方都投入鉅資延聘專家做檢驗、測試、實驗、統計等，自然費用高昂。本案為確定地下水流向的地質鑽探，就花了原告幾十萬美元。

不過，美國法院不收裁判費，不論案件大小，只收幾十塊美元的登記費。他們認為，法院提供司法正義，就像政府造橋鋪路，為什麼要收費？不像我國民事案件，不問案情難易，原則上按標的金額抽百分之一的裁判費，更像賭場抽頭，毫無道理。

美國的專家證人必須出庭宣誓作證，接受雙方律師詢問。其專業資格、學理根據、鑑定程序與結論，都要接受對方質疑挑戰。不像國內常用所謂的機關鑑定，一紙公函，誰負責鑑定也不知道，往往只給結論不附理由，律師請求傳訊鑑定人，法院也不理睬。

最可笑的是調查局的測謊，公函上只說被告有關那些事項有說謊反應，簡直比所羅門王還神！最高法院最近有一則判決：「測謊鑑定，倘『鑑定人具備專業之知識技能』，復『事先獲得受測者之同意』，『所測試之問題及其方法又具專業可靠性』時，該測謊結果，如就否認犯罪有不實之情緒波動反應，雖不能採為有罪判決之唯一證據，但非無證據能力，仍得供裁判之佐證，其證明力如何，事實審法院自得依職權自由判斷。」（八十七年度台上第三九二八號）即在一定條件下，承認測謊有證據能力。但鑑定人的專業資格及其測謊方法是否具專業可靠性（如測謊問題之設計及測謊結果之研判是否適當），自須傳訊施測者，並將其施測之問題及測試結果之圖表提示，當庭調查，始能判斷其是否具專業可靠性。可惜此一判決並未受到實務上應有的重視，筆者曾在二審主張傳訊調查局的測謊人員，亦遭法院拒絕。

美國早期採用科學證據的標準是以「普遍接受」（general acceptance rule）為原則。即根據科學界相關領域普遍接受的科學理論、原理、方法等作成的鑑定，才可採為證據。後來因科技發展一日千里，尖端科學不斷推陳出新，標準逐漸放寬，容許提出尚未被普遍接受的科學證據。

不過，也因此產生一些所謂的「垃圾科學」（junk science）。某些專家證人為謀取豐厚的報酬，只要當事人肯付錢，什麼鑑定意見都講得出口，被稱為「法庭裡的妓女」，意謂其出賣學術良知，猶如出賣靈肉的妓女。也有人戲稱此為「伽利略的復仇」。伽利略當年因堅持地動說，差點被宗教審判。現在新時代的專家證人，卻搞出一大堆「垃圾科學」來混淆視聽，以報當年一箭之仇。

本案中，辯方的專家證人之一即主張主要的污染物三氯乙烯「有益健康」！可為一例。

本案引起對美國民事司法的根本質疑：審判不是為了實現正義嗎，為什麼結果反而大部分取決於法官、律師的行事風格？正義絕非免費贈品。但以本案而言，正義的代價實在太過昂貴了！

環保訴訟的難題——舉證

以本案為例。原告必須證明被告大公司亂倒廢棄物污染水源，導致原告健康受損，甚至死亡。這表面上很簡單，訴訟上卻非常棘手。基本上，原告必須舉證以下三項事實：

1. 被告亂倒廢棄物，污染水源。

2. 原告身體健康受有損害，甚至死亡。

3. 前兩項事實間有因果關係。

第二項事實的舉證比較簡單，只要把受害者的醫療紀錄、診斷報告由專家證人（即我國之鑑定人）提出即可。麻煩之處是第一、三兩項。

被告大公司亂倒廢棄物，自己當然不會承認。其中格雷斯公司部分，是在事證開示（Discovery）的調查階段，一名該公司員工看不下去，才透露真相。因為他也住在當地，和受害家屬是鄰居，看到他們受病痛折磨的苦楚，良心不安，才冒著被解僱的風險說出真相。

貝特麗絲公司的部分，則要到上訴發回更審以後，施利特曼才找到一名資深員工，出面證明主管要他在環保署來測試以前，祕密清運亂倒的廢棄物，即便如此，斯金納法官最後仍然依照自己的比較和判斷，認定這廢棄物不是污染物。

有亂倒廢棄物是一回事，有沒有污染水源又是另一回事。原告必須證明污染物如何滲透到地下水，進而污染沃伯恩公用自來水井。這就涉及一連串的大工程，包括土壤分析（確定滲透的速率與流量)、地質鑽探(確定地下水的流向與流量)、地下水研究報告、井水使用紀錄、多年來的水質分析等等。耗資之鉅大,可以想見。

這還不夠,最棘手的是第三項——因果關係。原告要證明主要的污染物「三氯乙烯」會導致兒童白血病,或其他危害健康的疾病。問題是,在此之前相關的醫學研究,都認為白血病的原因不明,如何建立因果關係?

訴訟期間,哈佛大學公共衛生學院做了一份研究報告,成為原告相當倚重的證據。三氯乙烯是否會導致白血病,雖然欠缺醫學上的研究結論支持,但這份報告另闢蹊徑,從統計下手。

統計研究已經證明,吸菸和肺癌間有不可否認的關聯。但這個結論是以成千上萬的肺癌患者為樣本統計出來的。統計研究必須有大量的樣本,才能據以推論,但沃伯恩白血病患者卻只有十二位,不足為統計之基礎。

於是,哈佛的研究從不同的前提假設出發——如果井水確實是導致白血病的因素,那麼井水也會導致其他兒童疾病。如果使用受污染的井水的家庭中,初生嬰兒的疾病比一般情況多,那麼就可以支持以下的推論:白血病多發現象並不是偶然的巧合。

這項研究統計了1960年到1982年間沃伯恩地區婦女每次懷孕、生育的狀況,一共蒐集了五千多個嬰幼兒的健康資料,發現大量飲用污染井水的家庭中，胎死和新生嬰兒的死亡率明顯升高，其他兒童疾病也明顯升高。研究結論確定污染井水與兒童白血病有關。正如任何統計研究的評估，這項統計也遭到來自各方面的正反批評。例如升高的兒童疾病比率，會不會是傳染造成的，而與飲用水污染無關？

由上述有關污染、因果關係的證明，可以了解環保訴訟舉證有多困難、成本有多高，污染並非一朝一夕，而是跨越數十年。被害人從發病、治療、死亡，到懷疑水質有問題，進行調查，也歷時數年。許多證據早已滅失了。難怪一般小市民負擔不起，原告律師施利特曼因此而傾家蕩產！

舉證困難，幾乎是所有環保訴訟或產品責任訴訟的共同特徵。因為，現代工商社會使用了大量的化學品，這些化學品的副作用有許多是最尖端的科學也尚未了解的，幾年前國內爆發的多氯聯苯食用油事件，就是一例。什麼時候會再爆發另一件嚴重毒害人體的污染事件，誰也不知道！

舉證責任的原則，有利於污染製造者、製造商、大企業，不利於小市民和消費者。因此，許多學者主張，此種情形，應該將舉證責任倒置，受害者只要證明「污染」與「損害」即可。最困難的因果關係，則應由污染者舉反證，如果不能舉出有力的反證，就推定有因果關係，污染者應負責賠償。如此，才能有效的保障小市民與消費者，平衡雙方懸殊的訴訟資源。

統計證據的爭議性

統計研究能否做為證據？這是美國證據法上高度爭議的複雜問題。

除了統計研究在調查方法上（如樣本選取、問題設計等）可能出現的各種偏差之外，稍有統計學概念的人都知道：統計上的相關性，並不一定等於因果關係。

隨便舉例：假設，統計結果發現黑人的犯罪率是白人的兩倍，是否表示黑人遠比白人容易犯罪？

不一定。黑人與白人的社會、經濟條件必須列入考慮，而且司法體系中是否存在種族歧視（如早期美國南方社會），以致有「選擇性辦案」，傾向起訴、審判黑人，亦必須進一步檢證。

哈佛法學院的證據法教授查爾斯・內森舉了一個例子。車禍案件，公共汽車違規肇事逃逸。問題是被害人沒看清楚對方車牌號碼和車子顏色。事後發現，當地有百分之八十的公車是屬於A公司，均為藍色公共汽車，被害人起訴請求A公司賠償。

被害人可否舉證A公司的公車占當地的百分之八十，因此肇事者有高度的可能性是A公司的車子，應負賠償責任？

再假設，被害人提出一目擊證人，指出「肇事公車為藍色」，A公司卻提出反證，心理學研究發現「百分之六十以上的目擊證人證詞有錯誤」，則如何？

第一個問題，答案應該是否定的。表面上，可能會有如下推論：刑事案件的證明，應達到「無合理懷疑」的程度。如果這是刑案，A公司有百分之二十的無罪可能性，所以沒有達到「無合理懷疑」的程度，不能判有罪。反之，民事案件的舉證，在美國法上，則只要達到百分之五十一以上，即可勝訴。A公司的公車占百分之八十，因此被害人應獲勝訴。

這種推論大錯特錯，錯在證據法的基本觀念——「關聯性」（relevance）。A公司的「市場占有率」根本與「是否肇事」沒有關聯性。因此，被害者根本不得提出與待證事實（A公司的車子肇事）無關的事項，遑論依此判決A公司敗訴。

第二題的答案，就很難說。心理學研究目擊證人的正確度，有助於法院適切評估目擊證人的可信度，因為一般人（包括專業律師、法官、檢察官）都有高估目擊證人證詞可信度的傾向。提出此項心理學研究的統計證據，有助於平衡法院自由心證時先入為主傾向接受目擊證人的成見。

目擊證人證詞是否可信，雖然只能個案判斷，並無統一的判斷準則。不過，心理學研究已發展出一些有力的分析概念和方法，大有助於自由心證的判斷。

回到本案。斯金納法官在正式審判前就表明對統計證據持保留態度。哈佛研究報告確實可從各方面加以質疑，除了前述傳染病學觀點以外，辯方律師也質疑一般家庭日常使用的五百多種用品中（如清潔劑、殺蟲劑、化粧品、油、甚至花生醬等）；或者被確定或者被懷疑含有致癌物質，如何判斷受害家庭的疾病不是這些民生日常用品，而是飲用水污染所造成的？如果連科學家都無法確定，如何要求陪審團根據這麼初步的研究來判斷污染的大公司有沒有責任呢？

以本案而論，哈佛研究報告的價值或許在於指出進一步調查研究的必要性，但只依據此一統計證據就要論斷污染與健康損害間有因果關係，從科學觀點而言，未免過於速斷、率斷。用專業術語來說，哈佛研究報告固然可以有證據能力，但其證據力卻不夠堅強。

國內的證據法發展仍處於拓荒時期。前述心理學、統計等社會科學證據在美國證據法上的討論早已汗牛充棟，在國內卻是許多人聞所未聞的新鮮事。

筆者留美時旁聽證據法的入門課，大感嘆為觀止，深深覺得國內連許多證據法的基本觀念都沒有。偉大的英國法學者邊沁曾說：「證據涵蓋的範疇即是所有知識的範疇。」又說：「證據是正義的基礎。」何以如此重要的法學領域，卻未受到國內法學應有的重視？

筆者當時發願在國內推動證據法的發展，乃大肆搜購美、加證據法相關參考書籍，回國後並多次與幾位有心人士討論成立證據法學會，計畫修訂補譯美國聯邦證據法、翻譯美國證據法文獻、編輯評釋國內的證據法判例以供實務界參考……等。後來由蔡秋明檢察官、筆者與郭乃嘉小姐合譯了一本證據法入門書——《證據法入門—美國證據法評釋及實例解說》，該書附錄即附有蔡秋明檢察官所翻譯的美國聯邦證據法條文。

筆者在該書的介紹特別指出：「所有的法律程序都必然涉及『認定事實』與『適用法律』兩種不同性質的法律思維判斷，其中『適用法律』所需的專業知能是台灣法律人學習過程的主要課題；反之，『認定事實』所需的專業知能，在台灣卻絲毫不受重視；尤其是其中的證據法，相較於其他法律學科的蓬勃發展，至今仍是一片荒原。尤其，近幾年國內如火如荼推動『交互詰問』，有關證據的爭議無疑成為詰問異議的主要爭點，也益發突顯證據法落後的未開發狀態。」

美國證據法大師約翰・亨利・威格摩，在十九世紀晚期以系統性的科學方法著手整理當時各州實務發展一團混亂的美國證據法，積數十年之努力，終於建立起體系分明的證據法學，成為一代宗師。至今論美國法律史，威格摩仍是當之無愧的第一流人物！

國內證據法的威格摩在哪裡呢？

18「光榮之路」——軍令如山與軍法審判

Paths of Glory

「光榮之路」——軍令如山與軍法審判

三名倒楣的士兵被挑出來，一個是長官認為他讓人討厭；

另一個是因為看到連長臨陣脫逃，連長公報私仇拿他當代罪羔羊；

最後一個則是全連抽籤，被他抽中。

檢方未傳訊任何證人，只簡單訊問被告：

「有無進攻？」「是否在到達敵陣前撤退？」

根據其邏輯：假設士兵英勇，就可攻下安特高地；

反之，若軍事上不可能攻占安特高地，

英勇的士兵必會戰死沙場。

如今，既未攻下安特高地，被告也沒戰死，

則必是「怯懦」無疑，罪名當然成立。

片名：**光榮之路（Paths of Glory）**

導演：史丹利・庫布利克

演員：寇克・道格拉斯

最近在光華商場意外發現這部庫布利克的反戰影片，如獲至寶，竟然只賣九十九元（DVD喔！）。感謝影音技術的快速發展，許多經典名片陸續廉價上市，讓影迷可以輕易收藏。

1999年才過世的庫布利克，執導過許多經典名片：「2001太空漫遊」、「奇愛博士」、「發條桔子」、「鬼店」等，以及最後的遺作「大開眼戒」（湯姆・克魯斯與妮可・基嫚主演）。很難想像這部震撼人心的黑白片是他年僅二十九歲的作品。高手就是高手，攝影出身的庫布利克在本片充分展露出大師的氣象。

1916年，一次大戰，德法兩軍陷入膠著的壕溝戰。法軍將領布勞德說服米諾將軍的師部攻占一處防禦工事堅固的安特高地。米諾的部隊本已傷亡慘重，但為了晉陞再拿一顆星，而決定接受任務。

米諾命令戴克斯上校（寇克・道

格拉斯飾）率隊進攻。米諾估計，35%的士兵會在到達敵陣前被砲擊或機槍掃射喪命，另外25%會在攻占高地的戰鬥中死亡，剩下的部隊足以堅守安特高地，以待援兵到達。戴克斯上校聽到其部下將有一半以上戰死，驚愕莫名，卻不得不聽命出擊。

結果，法軍的進攻一敗塗地，敵方砲火太密，多數連隊未達敵營即傷亡慘重，而退回陣地；有的連隊根本出不了壕溝，無法進攻。氣憤失控的米諾將軍竟下令砲兵向己方陣地砲轟，但砲兵軍官拒絕聽命，除非有將軍親筆簽名的命令，因而避免了更可怕的慘劇。

米諾認定進攻失敗原因在於士兵怯懦。他下令各連隊交出三名士兵接受軍法審判，罪名是「怯懦」，如罪名成立可處死刑，藉以殺雞儆猴。戴克斯上校極力反對卻無效。

於是，三名倒楣的士兵被挑出來，一個是長官認為他讓人討厭；另一個是因為看到連長臨陣脫逃，連長公報私仇拿他當代罪羔羊；最後一個則是全連抽籤，被他抽中。

軍法審判全程歷時不到半小時，沒有起訴書，也不做紀錄，檢方未傳訊任何證人，只簡單訊問被告：「有無進攻？」「是否在到達敵陣前撤退？」根據其邏輯：假設士兵英勇，就可攻下安特高地；反之，若軍事上不可能攻占安特高地，英勇的士兵必會戰死沙場。如今，既未攻下安特高地，被告也沒戰死，則必是「怯懦」無疑，罪名當然成立。

依其邏輯，該部隊所有倖存官兵都應以「怯懦」罪名處死。只不過，不可能處死全部官兵，因此，被挑出來受審的士兵，不管用什麼方式挑，都可以。

曾任刑事辯護律師的戴克斯上校志願為其部下辯護，他嘗試提出被告士兵在以往戰役中英勇表現的紀錄，但軍事法庭認為與本案無關，不准提出。

戴克斯在辯論時慷慨陳詞，雄辯滔滔，強調軍事法庭如判被告有罪，才是一大罪惡。昨天失敗的進攻，不是法國榮譽的污點，今天的軍法審判才是污點。

戴克斯的辯詞毫無用處，他私下向布勞德將軍提出證據，證明米諾將軍曾下令向己方戰地開砲轟擊，請求布勞德介入，阻止行刑，但布勞德不為所動，三名士兵仍被處死。

布勞德將軍事後解除了米諾將軍的指揮權，並提議由戴克斯上校接任，但戴克斯斷然拒絕。布勞德將軍原以為戴克斯的目的在圖自己的好處，至此，發現自己誤解了戴克斯，他很冷酷的解釋自己的立場：「你是理想主義者，我可憐你像個鄉下來的蠢人。我們正在打仗，一場非贏不可的戰爭。那些士兵沒有進攻，所以被槍決；你提出對米諾將軍的指控，所以我要他答辯。我哪裡做錯了？」戴克斯回答：「因為你不知道，所以我憐憫你！」

結尾時，酒店中即將重上前線的士兵，由喧鬧到傷心流淚的真情流露，呈現出人性的深度，感人至深。

本片有許多值得探討分析之處：

法律分析

本片是根據小說改編拍成的，故事本身是虛構的。事實上，一次大戰時的法國軍法中，並沒有所謂「怯懦」這種罪名。當時唯一可以處死的罪名是「敵前委棄守地罪」。

片中的軍法審判根本只是徒具形式，談不上符合現代法治原則的「正當法律程序」。審判過程中，米諾將軍安坐在旁邊的一座沙發上，觀察審判的進行，大家心裡有數，三名士兵一定會被判有罪，他們只是倒楣的代罪羔羊。

本片的片名正是「一將功成萬骨枯」的反諷說法，本片在法國被禁映多年，它攻擊戰爭以及軍事體制的殘酷、沒有人性，也透過影像對比，清晰呈現出軍官與士兵間天壤之別的階級待遇。

儘管片中軍法審判是在堂皇、精緻的廳堂中舉行，但其本質上，與野蠻部族任意屠殺同類並無差別。電影故事雖然是虛構的，但是現實人生中，類似的情節卻不是不可能的；從歷史上看，還相當多。

類似這種野蠻的軍法審判，在三、四十年代「白色恐怖」時期的台灣屢見不鮮。許多被控叛亂或匪諜罪名的政治受難者，依戒嚴法的規定接受軍法審判，屈打成招，莫名其妙就被槍決了，程序的草率與本片內容無殊，有的甚至連判決書也沒有，就被槍斃了。

媒體曾報導的「四六事件」，就提到白色恐怖時期有人看「馬克・吐溫」的書，卻被當時的警調人員認為與馬克斯有關（都姓馬，而且都是「克」字輩的，一定有親戚關係！），因而判刑入獄，真是恐怖的黑色幽默。

民國73年解除戒嚴，平民受軍法審判的情形，才在台灣消失。民國86年，大法官解釋認定軍事審判法內容部分條文違憲；民國88年軍事審判法大幅修正，我國的軍事審判制度，才步入符合現代法治精神的正軌。

軍事審判法修正的重點在於軍法獨立。

舊法第133條規定：「判決由該管軍事審判機關長官核定後，宣示或送達之。

最高軍事審判機關高等覆判庭之判決，呈請總統核定後，宣示或送達之。核定判決時，如認判決不當或違背法令，應發交覆議，不得逕為變更原判決之核定；發交覆議，以一次為限。覆議結果不論變更或維持原判決，應照覆議後之判決予以核定。」

不要誤會，這裡所說的「軍事審判機關長官」指的不是軍事法院院長，而是軍事單位的部隊長。依舊法第9-11條規定，初級軍事審判機關指的是：陸軍軍司令部、師司令部、獨立旅司令部、海、空軍軍區司令部等；陸、海、空軍各總司令部則是高級軍事審判機關；國防部為最高軍事審判機關。所以舊法明文規定部隊長官對軍事法庭判決有核定權，認為判決不當或違背法令時，還有權發交覆議，這就打開部隊長干涉審判的大門。

筆者服役時在軍法單位擔任書記官，和幾位軍法官討論此一問題。大家都認為，大家唸了多少法律書才考上軍法官，經過證據調查、言詞辯論才作成的判決，卻要由一個不懂法律，沒有參與審判的部隊長審查、核定，還可以要求改判？軍法怎麼獨立？

有個資深軍法官就說，以前有個案件，被告自首，依法必須減輕其刑，結果部隊長硬是不肯蓋章，說這種混帳士兵，還讓他減刑，這章他蓋不下去。僵持不下，軍法官也不肯違法不予減刑，就唬部隊長說，你不同意，可以覆議啊！部隊長聽了很高興，未加深究，就批「覆議！」結果，軍法官就依該法條最後一段規定維持原判決。這時，部隊長才發現被唬弄了，已經來不及了。依法判決，還要用騙的才可以過關宣判，既好笑、又悲哀！

民國五十年代喧騰一時的雷震案也與此一條文有關。1960年9月1日，《自由中國》雜誌第二十三卷第五期，由殷海光執筆的社論＜大江東流擋不住＞，主張組織政黨的民主潮流就像大江東流，是任何政黨都抵擋不了的。三天之後，《自由中國》首腦、組黨運動第一發言人的雷震以「知匪不報」和「為匪宣傳」的罪名被逮捕，軍事審判判處十年徒刑，《自由中國》只好解散。

該案歷史檔案出土，證實蔣介石總統在宣判的當天早上，還明確指示雷震的「刑期不得少於十年」、「覆判不能變更初審判決」。蔣介石介入軍法審判雖然備受批評，但（舊）軍事審判法第133條確實提供其介入的法律依據。

不過，（舊）軍事審判法第133條所賦予總統介入軍法審判的職權，程序上，是在最高軍事審判機關高等覆判庭製作判決之後，宣示或送達判決前，行使「核定權」或「覆議權」。雷震案，蔣總統卻在初審判決前就介入指示刑期，顯然於法不合；且要求覆判不能變更初審判決，等於否定上訴覆判時重新審查的機會，使覆判形同具文，剝奪了被告的訴訟（上訴）權。即使以當時軍事審判法第133條的規定而論，也是違法介入審判。

當時，監察院曾推派由陶百川擔任召集人的五人調查小組進行調查，報告明確指出，《自由中國》半月刊各期言論的文字，不能證明具備叛國的目的或匪諜關係，應屬刑法範疇，要求行政院應飭所屬機關，除非蒐集匪諜叛國證據確鑿，不得逕認叛亂犯而以軍法從事。

民國50年監察院通過糾正案後，五人小組共做出七項調查意見，第一項就明指，根據警備總部的報告，認為逮捕雷震和傅正的理由，是因為《自由中國》半月刊的各期言論，「多係煽動誘惑挑撥離間分化中傷之文字，……顯係違反言論自由之法軌」，但卻不能當作叛國的目的與證據，也無法確認與匪諜的

關係。諷刺的是，監委還提出蔣中正有關匪諜牽連案件的明文指示，「不得以先行拘禁為偵查之方法」，藉以指明警總逕以軍法逮捕取締再偵查的手段，與法未合的事實。

陶百川在《困勉強狷八十年》的回憶錄指出，雷震案爆發後，是懲治叛亂條例施行以來，軍事機關依此法制裁言論文字，並依軍法拘捕當事人的第一案，這對言論自由是很大的損害。

他為此曾試圖向蔣介石解釋，希望能避免軍法審判，而把雷震交給台北地方法院依刑法有關法條審理，但未被採納。陶百川在回憶錄中表示，監察院五人調查小組「深知政府制裁雷震決心如鐵，自非監察院所能挽回，但是非不可不辨，公道不可不申，所以在調查報告中，列舉該案違法之處不稍忌諱」。

至於監委當初沒有彈劾軍法官，主要是深知這些中上校階級的小軍官，只能服從層峰的意思，不能有獨立的意志與反對的權力，因此寄望行政院能接受監院的糾正案而改善軍事審判。結果糾正案毫無效果。

雷震對這樣的結果頗為諒解，在民國68年的遺著中說，如果不是調查報告中「對軍法人員不予糾彈」的處理建議，這個案子在監察院內是通不過的，如此將使七項調查意見也不得和世人見面，……這是執筆者的苦心。

和本片對照，雷震案也是未審先判，判決結果早就決定了，逮捕、偵訊、起訴、審判等過程再怎麼荒唐無理，都只是過場戲，職司其事的軍法人員也只是傀儡而已！威權時代，法律、司法都只是統治者的工具，談公平、正義，太奢侈了。

修正後的軍事審判法已刪除部隊長與總統對判決的核定、覆議權。並且明文規定「軍事法院獨立行使審判權，不受任何干涉」（152條），軍法行政之監督也規定「不得影響審判權之行使」（18條）。

同時，為使軍法單位脫離軍事單位部隊長的掌控，軍事法院也不再附屬於軍事單位，而改依地域管轄設地方軍事法院、高等軍事法院，於中央設最高軍事法院。

——評論

令狀主義才能保障新聞自由（駱志豪洩密案）

陳瑞仁檢察官日前（88.7.29）於貴報就駱志豪涉嫌洩密案發表評論，引據美國聯邦最高法院1978年史丹福日報一案判例，指出媒體與記者不能主張根據憲法上新聞自由之保障，而享有免於受搜索的權利。該文論據精準，是相關評論中切中核心的傑作。不過，史丹福日報一案另有後續發展，且該案判決理由之一，是基於我國所沒有的程序保障機制——令狀主義，因此補充說明如後。

前述美國最高法院判例公布之後，引起軒然大波，新聞媒體群起譁然，認為最高法院無異認可警調人員可以到媒體的辦公處所翻箱倒櫃。輿論壓力促成法律變革，1980年，美國國會通過「隱私保護法」。

該法原則上禁止對新聞媒體的辦公處所進行搜索。只有三種例外情形，可以予以搜索：1.有理由認定記者本身涉及犯罪；2.搜索的標的涉及國家安全或機密資料；3.有理由相信立即的搜索行動是防止人命傷亡所必要。

除聯邦政府之外，有些州也通過類似的立法。史丹福日報一案如果根據這項新立法，警方勢必敗訴而須賠償報社，因為該案並不存在例外可以搜索的情況。

史丹福日報一案中，新聞媒體強調，如果容許搜索新聞媒體，會造成以下結果： 1.搜索行動會干擾媒體，妨礙及時出刊； 2.祕密消息來源會因此枯竭，媒體也喪失報導各種新聞事件的機會，因為惟恐媒體內部檔案有關當局垂手可得； 3.記者會不敢錄音或記錄消息以供未來使用，如果該訊息可能被搜索扣押； 4.新聞處理及發布會有寒蟬效應，因為搜索會揭露內部編輯討論的過程； 5.媒體會自我檢查以隱藏其所持有而警方可能有興趣的消息。

這些強而有力的論點，都被美國聯邦最高法院的多數意見駁回，理由是，簽發搜索令的法官會保障新聞媒體，避免上述嚴重干擾新聞自由的搜索。

換言之，美國最高法院之所以認為新聞媒體不能根據新聞自由而豁免警方的搜索，是因為有程序保障的機制－「令狀主義」存在。搜索，原則上必須事先取得法官簽發的搜索令，才能進行搜索。如果因為緊急狀況來不及聲請搜索令時，雖然可以逕行搜索，但是被搜索人可以聲請法官審查搜索的合法性。透過這種程序監督機制，隱私權以及新聞自由才有實質有效的保障。

陳檢察官大作雖然提到一般搜索要件的限制，問題是誰來認定？國內法制不採令狀主義，完全沒有上述制衡監督機制，檢察官可以開搜索票，是否符合搜索要件，由負責辦案的檢察官自行認定。這種制度明顯存有利益衝突。檢察官本身有辦案需要考量，如何能合理兼顧被搜索人的人權保障？兩者有衝突時，多少檢察官會尊重人權，在個案決定不開搜索票，而導致案件辦不下去？

檢察官的羈押權取消之後，實施一年多來，人犯羈押大幅縮減，不及過去四成，被認為是人權保障的重要指標。這證明法務部多年來「審慎羈押」的政策宣導，效果不如簡單合理的制度改革。搜索、扣押如果改採令狀主義，將可減少多少人權侵害？

《今周刊》不妨學學《史丹福日報》，也起訴請求檢警賠償，在訴訟中把上述憲法論點帶進來（順便再一併挑戰國家賠償法第十三條的合憲性），或許可以釐清此案爭點，進而創下傳世的判例！

【後記】

民國88年，《中國時報》記者住處及《今週刊》編輯部遭到檢調單位的大幅搜索。各界大肆抨擊，紛紛指責檢調單位侵害新聞自由。民國89年，中國時報系50周年社慶次日，因《中時晚報》刊登「國安局劉冠軍洗錢案」關係人之偵訊筆錄，遭台北地檢署以洩漏國家機密為由，大舉搜索中國時報大樓及兩位記者住處，並帶走記者稿單。民國90年刑事訴訟法修正，將檢察官搜索權取消，改由法官核發搜索票。

軍購弊案的突破須賴國際司法協助

（拉法葉軍購弊案）

尹清楓命案及相關軍購弊案的案情，實在很像七〇年代的日本洛克希德弊案。該案日本政府透過國際司法協助取得重要罪證，最後才得以逮捕前首相田中角榮，寫下日本司法史上精彩的一頁。

洛克希德弊案的爆發，是因美國參議院外交委員會跨國企業小組調查洛克希德公司，在1976年2月，該公司會計監查人芬多列及副董柯謙作證指出，洛克希德公司為推銷其所生產的民航機和軍用機，自1966年起向各國支付大量活動費，其中包括銷售F104戰鬥機和P2V7反潛偵查機給日本防衛廳，以及銷售空中巴士給全日空公司時，經由該公司顧問（曾有A級戰犯罪嫌的）兒玉譽士夫，向日本政府高官進行賄賂，金額達數百萬美元，消息傳回日本，引起政壇大震撼。

日本眾議院為此動用久未行使的「國政調查權」傳喚相關證人，但這些涉案人員均一概否認。

當時日本首相三木武夫為取得美方的有關資料，乃命日本駐美大使正式具文向美國政府要求提供相關資料及日本政府高官的收賄名單。三木首相更親筆致函美國總統福特，請其提供資料。美國國務卿季辛吉以公開上述資料，將危害日本「政治安定」為由，表示反對，但三木首相則在電視上公開表示，美國透露收取賄賂的日本官員名單，不致影響日、美兩國關係。

最後日本法務省與美國司法部就交付資料簽訂司法協助協定，日方承諾資料列為機密，限於為調查及審判程序才能公開。就是說，在調查完成前，連日本首相也不能看。

東京地檢署特搜部派了兩名檢察事務官化妝成一般旅客，赴美取回相關資料。在此同時，兩名東京地檢署檢察官聲東擊西、大張旗鼓，在大批媒體記者歡送下赴美調查，以轉移媒體的注意。美方的檢察官也偽裝開著一輛農用卡車，在馬路上「交貨」給日方的真正信差。

幾個月後，田中角榮即以首相任內的違法罪行被逮捕，是日本史上的第一件。田中角榮後來以利用總理大臣地位「收受賄賂及違反外匯管理法」罪名，被判刑四年，並追繳五億日圓之贓款，他一直上訴到最高法院，案子拖了十年，在判決確定前，田中角榮於1993年病故。

洛克希德案也是鉅大的採購弊案，破案的關鍵之一，是透過國際司法協助，取得美方資料，才能查明賄款流向。我國現行法雖有「外國法院委託事件協助法」，基於互惠原則，對外國法院委託之文書送達或調查證據提供司法協助，但在尹案並不適用。尹案及相關軍購弊案在我國與法國均仍在偵查階段，尚未起訴，能否打破偵查不公開原則，攜手合作？且我國國際地位有限，與大多數國家間無正式邦交，造成國際司法協助之取得相當困難。這就不只是專案小組所能解決，而真的需要非正式外交上突破性的作為。

【後記】

拉法葉軍購弊案，我國檢方於2001年起請求瑞士政府司法協助，提供汪傳浦及其家人的銀行帳戶資料，其間一波三折，直到2005年才達成目標。特調小組檢察官羅榮乾、蔡秋明於2005年11月8日，自瑞士預審法官佩候丹手中取得汪傳浦等在瑞士銀行帳戶的資料，並由最高檢察署檢察總長吳英昭具名，於2006年9月5日正式向瑞士司法部申請，要求返還目前被凍結在瑞士銀行帳戶的拉艦弊案非法佣金5億2000萬美元，約新台幣170億元。

追訴權時效規定就是讓歹徒逍遙法外
（林毅夫叛逃案）

1970年，美國最高法院在一件有關追訴權時效的判決中，明確表示：「追訴權時效規定，理所當然地，會讓歹徒逍遙法外。」（TOUSSIE v. UNITED STATES, 1970）

該案是一件逃避兵役的案件。六O年代美國因反越戰風潮，許多人不應徵兵令的徵召。當事人陶西在十八歲（1959年）時依法應向兵役單位登記，卻逃避兵役，直到八年後（1967年，二十六歲時）才被起訴。有關的追訴權時效規定是五年，陶西也未被通緝，本應於二十三歲時屆滿時效。但檢方主張其為繼續犯，依徵兵法令規定，役男到年滿二十六歲為止都有義務應徵服役，追訴權時效也應自其年滿二十六歲時起算。陶西一、二審都被判有罪，上訴到最高法院，才將原判撤銷。

美國最高法院的判決理由指出，被告的罪名是否為繼續犯在解釋上有爭議，雖然不排除解釋為繼續犯的可能性，但有疑義時應為有利於被告的解釋（「罪疑惟輕」原則），因而認定本案非繼續犯。時效應自其十八歲時起算，已於五年後屆滿，而無法追訴。判決理由最後表示：「在一個基於充分、平等適用法律的社會中，（對其他守法應徵服役的青年而言）有理由感到將本案駁回起訴，是不義的。但國會立法規定逃避兵役構成犯罪，同時也規定犯罪追訴受限於追訴權時效的規定。既然時效規定適用於本案，就必須遵守國會立法明定的追訴權時效規定。」

林毅夫叛逃案是否已逾追訴權時效，是單純的法律問題，應尊重司法機關的職權，立法、行政部門不應過問，司法機關也不應未審先判。但最近有關本案追訴權時效的認定，卻有一些似是而非的論點與現象，值得檢討。

報載有最高法院庭長、法官私下表示，林叛逃後參加中共組織（叛亂組織）及活動（叛亂活動），持續至今未終止，依大法官釋字第六十八號解釋，只要繼續參加叛亂組織未脫離，就是在繼續犯罪中。故其時效不應從林民國68年叛逃時起算，最保守應以民國80年政府終止動員勘亂時起算。

然而，林毅夫如於投敵後參加中共組織及活動，在當時是觸犯懲治叛亂條例第五條的參加叛亂組織或集會罪。但事後懲治叛亂條例已於民國80年廢止，刑法一百條的內亂罪也修改為限於「以強暴或脅迫著手實行」才成立犯罪，因此依刑法第二條「從新從輕原則」的規定，其參加中共組織及活動的行為已不構成犯罪。即使真有檢察官就此部分進行偵辦，也應依刑法第二百五十二條第四款「犯罪後法律已廢止其刑罰」規定，為不起訴處分。談不上有時效問題存在。

至於其叛逃部分，構成戰時軍律第五條「投降敵人或叛徒」

罪，性質上不是繼續犯，追訴權時效應自民國68年叛逃時起算二十年。

另有學者指出，追訴權時效之停止事由不限於通緝，其他偵查行動，如搜索，也應包括在內，更是嚴重誤解。追訴權的行使，猶如民法上的請求權，必須是針對特定人行使才能停止時效進行。如起訴、審判均是針對特定被告為之，才能就該被告停止時效，如果起訴、審判錯誤，如真兇為張三，卻起訴、審判李四，則對張三的追訴權時效不停止進行，時效期滿，就不得再追訴張三。偵查亦同，至少要在偵查中將特定人列為被告，才有進一步討論是否停止時效問題的餘地。否則，檢察官辦案查不出嫌犯而無法結案，難道只要定期把證物拿出來勘驗一下（勘驗也是偵查行動的一種），就算有在追訴，時效就停止，即使過了二十年才得知真兇，也可以加以起訴？那還有什麼追訴權時效可言！

以林毅夫叛逃案而言，當年既然以失蹤結案，就是連是否有犯罪都不能確定，遑論將其列為被告偵辦。相關人等是否有違法失職是另一問題，但「沒有對林毅夫行使追訴權」這項事實則並無爭議，所以也沒有追訴權時效停止的問題。

最令人感到質疑的是軍方在本案的角色。憲法第九條與軍事審判法第一條都明文規定「非現役軍人不受軍事審判」。林毅夫案當年以失蹤結案，依當時的陸海空軍軍官服役條例，應按期辦理停役、除役，即應已喪失現役軍人身分。則依軍事審判法第五條第二項「犯罪在任職服役中，發覺在離職離役後者」，由普通法院審判。換言之，軍法機關已無審判權，無權介入偵辦。所以，軍方就本案的法律層面，基於對司法機關職權的尊重，實不宜表示意見。

本案在媒體上吵嚷了幾天，其實真正有審判權的是司法機關，而目前，如在林未回台的情況下，管轄權應屬於當年犯罪發生地的金門地檢署。本案既已喧騰報章媒體，不論林毅夫回不回來奔喪，金門地檢署檢察官允宜儘速立案偵辦，在調閱軍方相關檔案確認追訴權時效屆滿屬實後，依法處分不起訴，使本案法律爭議部分儘早終結。

不論本案有多複雜的其他層面的考量，台灣畢竟還是個法治國家，就學學美國最高法院依法處理吧。（本文原載於2002/6聯合報民意論壇）

【後記】

林毅夫於1979年擔任金門馬山前線的連長，叛逃至中國大陸。人事滄桑，二十幾年後卻成為大陸知名經濟學人、中共總理朱鎔基的最重要智囊，擔任北京大學中國經濟研究中心主任。林於2002年5月間申請回台奔喪，後因與論壓力，國防部長湯曜明嚴詞批評其叛逃犯行，軍方也考慮追訴。政府立場則表示人道放行，但法律風險自負。林最後放棄返台，在北大設置靈堂，遙祭亡父。

《雖然他們是無辜的》書介

作者：麥克・拉德列、雨果・貝鐸、康絲坦・普德曼

譯者：林淑貞

出版者：商周出版「人與法律」書系

「我們也許可以說，整個西方文明的死刑，就是從處決無辜之人開始的——西元前三百九十九年，蘇格拉底在雅典遭處決；西元三十年，耶穌在耶路撒冷遭處決。從彼時到千百年後的今天，慘遭奪去生命的無辜之人，不計其數。」

「死刑案（及一般刑案）的冤獄，將會繼續發生。如果我們否認這個現實，就是在自欺欺人。」

「在我們的研究中，約有一百五十例左右的案例，是在陰錯陽差之下被判死刑，但至少逃過一劫……，這些無辜的被告之所以能死裡逃生，靠的多不是刑事司法系統的合理運作，而是突如其來的一點好運氣。然而，好運氣既不足以讓他們免於身陷囹圄（他們通常都服刑多年），亦不足以使他們免於提心吊膽地憂慮自己到底能否洗清冤屈、無罪開釋，也不能讓他們免於在死罪的烙印下，正常的生活毀壞殆盡，因而墜入失望的深淵。」

「無辜之人被定罪的事情，不但比一般大眾願意相信的數目還要多，也比執法之人膽敢承認的數目還要多。」

以上出自本書結語的警句，點出本書沈重迫人的主題——死刑冤獄的現實面。

拉德列與貝鐸的死刑研究，是此一領域中的里程碑，也是相關討論中不能忽略的經典。三十多年來，兩人研究美國的死刑冤獄案件，到1991年為止的研究結果，總計自1900年至1991年，共有四百一十六個誤判的死刑案件。

本書是這兩位研究者與寫作能手普德曼合作的產品。他們從四百多件死刑案中，抽樣選出代表性的案例，以動人的敘事手法，寫成媲美好萊塢電影的冤獄故事。使抽象的學術研究，變成大眾易讀、扣人心弦的作品。

死刑存廢論，是法律、道德、哲學上爭辯不休的論題。拉德列與貝鐸的研究，跳脫純理論的爭執，針對死刑誤判的原因與數量，進行縝密的實證研究，得出驚人的結論。

今年6月10號《經濟學人》周刊的封面故事即以美國的死刑為主題。根據其統計，自1973年以來，美國有八十七位被判死刑的人犯，因為發現新證據而在處決前獲得平反。同一時期有六四二人被處決，相當於每七名死刑犯中，就有一位是定罪後又僥倖平反。如果一家航空公司的班機，每七架中有一架失事，航管單位該怎麼做？

本書的結語，是對死刑制度論據堅實、深刻的批判，在所有筆者所見的相關中文文獻中，無出其右。尤其是其中一項重要的論點——司法改革無法根除冤獄。

大多數的誤判案例，是由於目擊證人錯誤指認、可靠度存疑的測謊報告、證人偽證、警察辦案草率、以及被告與事實不符的自白等。這些因素，不太會因為司法程序的改革而消失。

六十多年前，就有學者建議：「在確立任何一宗死刑以前，務必明察每一個疑點——而不只是明察『合理的』疑點而已。」但是，刑事司法體系在運作上，不可能把有利於被告的每一個疑點——釐清。因此，本書苦澀的評語：「如果對司法改革可以減低冤獄的風險，寄予虛幻期待的話，那就太不切實際了」。

1996年夏，我懷著對美國法治的憧憬負笈西雅圖，卻隨著對美國司法實務的逐漸深入了解，而由信仰轉變為懷疑、失望。本書也是造成我思想轉折的因素之一，當時就想引進國內，回國後經過一番波折，才找到商周有興趣出版。三、四年來，台灣經歷風起雲湧的司法改革風潮、白曉燕綁架案引起的治安危機、蘇建和等三名死刑犯的平反運動，隨著新總統人權政策的宣示，本書適時地面世，相信對國內相關討論，必然有重大的影響。

美國的陪審團指示簡介——從證據法的觀點

最近，國內翻譯出版了一本美國證據法的入門書——《證據法入門——美國證據法評釋及實例解說》[1]。國內一直缺乏適合的證據法入門書，這本書剛好填補了這個空缺，希望本書能引起法律界對證據法的興趣，有助於在證據法的發展上奠定一些基礎。

證據法是美國法學院的必修課，也是其律師考試必考的主科。1997年筆者在美國進修時，旁聽證據法的課程，大感興趣，起意引介其觀念與分析方法到國內。當時問了很多人，包括當地的執業律師，大多認為證據法高度抽象、技術性，一般美國法學院的學生也普遍認為難懂。因此，最好找一本有很多實例的入門書，較能引起讀者的興趣，並且有助於理解證據法則的應用。後來，美國同學Grant Sanders（他是愛荷華州的執業律師）向我推薦上述《證據法入門》一書，我看了以後也覺得很適合。回國後找出版社談、翻譯過程，發生一些波折，遲至最近才和讀者見面。

譯者之一的蔡秋明主任檢察官為本書寫了一篇很有參考價值的導讀性質的序，其中兩段對證據法的重要性有清晰的說明：

「所有的法律程序都必然涉及『認定事實』與『適用法律』兩種不同性質的法律思維判斷，其中『適用法律』所需的專業知能是台灣法律人學習過程的主要課題；反之，『認定事實』所需的專業知能，在台灣卻絲毫不受重視；特別是其中的證據法，相較於其他法律學科的蓬勃發展，至今仍可說是一片荒原。

尤其，近幾年國內如火如荼推動交互詰問，諸多有關證據的爭議經常成為控辯雙方異議與爭執所在，更糟的是這些爭議常常無法從法院得到合適的裁定或處理，這種狀況也益發突顯台灣證據法落後的未開發狀態。」可見本書出版對國內證據法發展的意義。

不過，聰明的讀者一定很快就發現，許多證據法的基本問題，如舉證責任的分配、舉證的標準、刑事被告自白證據能力的認定標準、目擊證人指認的規則等，本書並未加以討論，書末所附的聯邦證據法中也未規定。蔡序只簡單的點出「（這些問題）沒有規定，而仍散見於判例法，一般的證據法教科書也不太討論，反而多放在刑事訴訟程序（criminal procedure）中探討」。美國的判例法汗牛充棟，要在其中查找相關的證據法則，自然事倍功半。有沒有較簡易的門徑呢？以下就簡要介紹美國證據法的重要入門參考資料——美國的陪審團指示（jury instructions）。

以下先摘譯幾則與證據法相關的加州刑事陪審團指示

（criminal jury instructions，修正草案，詳後說明），接著再說明其性質、依據與作用：

審前指示（Pre-trial instructions）

40. 合理的懷疑

1. 我現在要解釋無罪推定、檢察官的舉證責任，以及被告的起訴罪名。被告在本案被控________罪，並提出無罪答辯。被告被提起公訴，此一事實並非證明該指控為真實的證據。你們不可以只因為被告遭到逮捕、起訴，而對被告懷有偏見。

2. 刑案被告受無罪推定，此一推定要求檢察官必須證明起訴罪名的每一個要件達到無合理懷疑的程度。證明達到無合理懷疑的程度是指，使你們產生恆久的確信（abiding conviction）認為起訴之犯罪事實為真實的證明。證據不必消除所有可能的懷疑，因為一切生活中的事物都會有可能或想像的懷疑。

3. 在決定檢方是否已證明犯罪事實達到無合理懷疑的程度時，你們必須公正不偏的比較、斟酌所有的證據。除非證據證明被告有罪達到無合理懷疑的程度，被告有權獲無罪判決，而你們必須判決被告無罪。

50. 證據

1. 你們的職責是認定本案的事實為何。你們只能採用法庭中提出的證據來幫助你們認定事實。「證據」是指證人的證詞、被容許為證據的證物，以及其他任何我告訴你們視為證據加以斟酌的事物。

2. 律師所說的任何話都不是證據。在開審陳述及最終的言詞辯論，雙方律師會討論本案，但是他們的陳述不是證據。他們所提的問題也不是證據，只有證人的回答才是證據。律師的問題只有當其有助於你了解證人的回答時才有重要性。不要僅只因為某個律師所問的問題中主張某一事項，就假定該事項為真實。

3. 在審判程序中，律師可能會就證人被問到的問題提出異議。如果異議有理，我會裁定異議成立，證人就不可以回答，而你們必須忽視該問題。如果證人沒有回答，不要猜測可能的回答會是什麼，或者我為什麼如此裁定。律師也可聲請將特定證詞排除不列入紀錄，如果我裁定准許聲請，將證詞排除，則你們必須忽視該項證詞。

4. 你們必須忽視任何非開庭期間你所看到或聽到的事物，即使那是當事人或證人所做的事或所說的話。

415. 目擊證人指認

1. 你們已經聽到目擊證人指認的證詞。跟其他證人一樣，你們必須認定是否目擊證人提供了真實、正確的證詞。在斟酌指認證詞時，考慮以下的問題：
   a. 證人在事件前是否認識被告？
   b. 證人看犯案者看得有多清楚？

c. 有哪些情況影響證人的觀察力，例如光線、天氣狀況、障礙、距離、觀察的持續時間等？

d. 證人有多麼集中注意觀察？

e. 當證人觀察時是否在壓力之下？

f. 證人是否對指認對象做了描述？以及該描述與被告本人比較對照的情形如何？

g. 在事件發生與證人指認被告之間經過多少時間？

h. 證人是否被要求從一群人中挑出被告？

i. 證人是否曾經無法指認出被告？

j. 證人是否就指認改變過說法？

k. 證人指認時的確定性如何？

l. 證人與被告是否屬於不同種族？

m. 是否有其他情況因素影響到證人做正確指認的能力？

n. 證人是否能指認其他參與本案的共犯？

o. 證人能否在一系列相片或列隊指認中指認出被告？

如果你們，根據所有的證詞，無法達到無合理懷疑的確信認定被告就是犯案者，你們必須判被告無罪。

相信無須進一步的解釋，就可以了解這些陪審團指示在證據法上的參考價值。第415條「目擊證人指認」中所列舉的各項應考慮因素，同時也是檢辯雙方交叉詢問的範圍與重點所在，可供做為準備交叉詢問時的檢查表[2]。

以下即以加州的情形簡要説明陪審團指示的性質、依據與作用。顧名思義，陪審團指示是美國法官在審判中對陪審團的指示，在審判的不同階段，法官會給予陪審團許多指示。主要是在選好陪審團、開始正式審判前，以及雙方舉證辯論完畢、陪審團進入陪審團室討論前，這兩個階段法官會有較完整的指示。陪審團指示分成刑事、民事兩套（civil jury instructions & criminal jury instructions）。指示的內容不限於與證據相關的事項，還包括訴訟程序的介紹、陪審團的職責與注意事項、陪審團討論時的注意事項，刑事部分有犯罪要件的解釋説明、抗辯事由（如正當防衛）要件的解釋説明等等。

這些指示從何而來？加州的陪審團指示是由加州司法委員會（Judicial Council）[3]公布的，性質上並非有拘束力的法規，但實務上，事實審法官在審判時普遍採用司法委員會所公布的陪審團指示，因此其權威性幾乎等同於法規。

加州司法委員會在起草或修訂陪審團指示時，是根據相關的法規與判例，草擬、修訂指示內容。委員會特別強調，其並非負責研修法令修訂的委員會，或負責解決互相衝突的判例法，其目標在於，使所公布的陪審團指示以一般陪審員容易理解的方式，正確解釋現行法。委員會嚴格遵循法規與判例中所規定的法則，只是以較容易理解的文字取代法律用語（當精確的同義語可以找到時），或者在必要時加以定義。

在少數情形，判例法彼此有衝突時，委員會則提供不同的陪審團指示供事實審法官選擇合適的來用。

每一項陪審團指示後都附有詳盡的注釋，包括法官的注意事項（Bench Note）、相關法規與判例，以及委員會的評注（Commentary），可供進一步的檢索查詢，非常方便。

目前加州司法委員會正在大幅修訂陪審團指示，並公布民事陪審團指示修正草案供各界批評指教，有興趣的讀者可上網查詢參考：http：//www.courtinfo.ca.gov/invitationstocomment/documents/ civilinst4.pdf。

如前所述，陪審團指示中有許多是與證據法相關的事項，對證據法有興趣的法律人可以從此下手。而且這是美國訴訟實務上實際運用的素材，要了解實務狀況，這也是重要而不能忽視的第一手材料。

希望有心人能將證據法相關的美國陪審團指示翻譯成中文，相信對國內法律人會有相當參考價值。

---

1. Evidence： Examples and Explanations, by Arthur Best, 1999, 3rd.ed., 蔡秋明（台北地檢署公訴組主任檢察官）、筆者與郭乃嘉譯，元照出版。
2. 參「證人詢問的技巧」，頁44，Brian Kennedy 著，郭乃嘉譯。
3. 加州司法委員會是依加州憲法規定成立的機關，負責改進加州的司法行政，性質上有點像台灣的司法院，但權限比司法院少。詳見加州司法委員會網站：http：//www.courtinfo.ca.gov/courtadmin/jc/。

「人與法律」書系與《打不起的官司》書介

書名：《打不起的官司：商務律師與司法的敗壞》（No Contest： Corporate Lawyers and The Perversion of Justice in America）

作者：拉夫・奈德、衛斯理・史密斯

譯者：曾文亮

出版社：商周出版

一、商周「人與法律」書系

本書收錄在商周出版的「人與法律」書系，這個書系自1999年翻譯出版第一本《不得立法侵犯—蘇利文案與言論自由》（"Make No Law： The Sullivan Case and the First Amendment" by Anthony Lewis），五年多來已經出版了49本書。其中有8本是國人的作品，其他主要是翻譯美國的法律著作。這是台灣首次有規模地翻譯美國法律相關著作。相對於國內一般而言封閉、狹隘的法律論述，這套書系打開了一扇窗，針對各種法律相關議題，提供深具啟發性與批判性的多元視野。也對某些國內相關的政策或議題，發揮相當的影響力。例如：直言批判美國法學教育的《毀約—哈佛法學院回憶錄》。作者以自傳式的筆法，描述美國法學教育如何將多數胸懷追求正義、實踐公益抱負的年輕人，培養成充滿功利思想，獻身為大企業服務的商務律師。本書被喻為美國法律教育的起訴書。台灣也有台大法律系畢業的楊智傑寫了一本《千萬別來唸法律》，大曝台大法學院的內幕，不曉得是不是受了本書的啟發。

《合理的懷疑：從辛普森案批判美國司法體系》，作者德蕭維奇是知名的哈佛教授與人權律師，他藉由本案批判檢討美國刑事司法體制，以及種族、性別、金錢、媒體等因素，對司法的影響。德蕭維奇的文筆犀利雄辯，對美國司法體制的黑暗面直言不諱，能言人所不敢言。我為本書寫推薦序，序文中將德蕭維奇比喻為法律界的麥可・喬丹。

《最高法院兄弟們》（“The Brethren： Inside the Supreme Court”）。本書作者之一是揭發水門案的華盛頓郵報名記者伍華德（Bob Woodward），這是第一本深度報導美國聯邦最高法院運作實況內幕的書。本書涵蓋1969到1975年間，充分曝露最高法院內部的權力鬥爭，與處理個案時的司法外考量，尤其是透過眾多個別事例顯示出部分大法官的無知、昏聵、頑固與權力慾，令人稱奇。

《交叉詢問的藝術》、《訴訟技巧》、《現代訴訟辯護》這三本書有系統地介紹美國訴訟實務，尤其是交互詰問制度的規則、技巧與倫理，對於國內刑事訴訟制度朝向改良式當事人主義方向改革，起了推波助瀾之功，也是實務界就此自修最好的參考書。雖然，對這項改革的功過成效，至今仍有見仁見智的不同看法，但無論如何，國內刑事訴訟實務已經大幅改觀，不太可能再走回頭路了。

同書系中的《據理力爭》（“Black's Law”，by Roy Black），是精彩的律師執業案例，其中有完整的交互詰問過程，如果能搭配前述三本書參看，更能心領神會、融匯貫通。

《辯方證人》透過精采的具體案例，引介評估目擊證人證詞有效性的心理學理論和實證研究成果，這也是國內在此一領域的第一本專書。

《雖然他們是無辜的》藉由眾多千鈞一髮的死刑平反案例故事，闡述死刑誤判無可避免，做為反對死刑的堅強論據。

《不得立法侵犯——蘇利文案與言論自由》深入描寫美國言論自由史上的名案New York Times v. Sullivan，尤其突顯該案在六〇年代民權運動發展上的重大意義。該案例所揭示的「真實惡意」原則，也在後來國內所有相關案例的討論中被普遍引用。

一開始我曾經參與本書系的策劃，並在全國律師2001年11月號寫過一篇〈但開風氣不為師—記一段出版因緣〉，說明本書系策劃的緣起、構想、過程，以及成果的初步檢討，有興趣的讀者可以參考。

從結果來看，這套書系大致達到當初構想的初衷，也受到許多法律圈內外人士的肯定，我經常聽到來自法官、檢察官、律師朋友對這套書系的讚許，也有法律圈外的朋友表示很有興趣。

當初所提出的「法普」書的觀念似乎也成立了，出版界也對這一類型的書籍產生興趣，例如：先覺出版社出版了德蕭維奇（先覺譯為「德修茲」）的另一本很有意思的作品「法律的創世紀」(“The Genesis of Justice： 10 Stories of Biblical Injustice That Led to The Ten Commandments and Modern Morality and Law”，其實應譯為「正義的創世紀」才對，副標題為「十個聖經上的不義故事，其後發展成十誡以及現代道德與法律」)。這本書以聖經創世紀的故事闡述正義理念的早期演化，提出很多有趣的質疑和討論，比如該隱殺死自己的兄弟亞伯，卻沒事，耶和華還對他說，凡殺該隱的必遭報七倍？上帝放大洪水淹死大多數人類，只留諾亞一家人以方舟逃生，這是上帝違反比例原則以大砲打小鳥？也是歷史上第一次的種族大屠殺？

還有宏道文化今年出版的《我反對：美國第一律師丹諾在被告席上的自我辯護》。這本書應是從“The People v. Clarence Darrow： The Bribery Trial of America's Greatest Lawyer”翻譯過來的。作者科文（Geoffrey Cowan）是一名公益律師，曾任教於加州大學洛杉磯分校，也是丹諾公益法律基金會（Clarence Darrow Foundation for Public-Interest Law）的創辦人之一。本書以狄更斯的筆法，描述丹諾在1912年因行賄陪審員受審判的經過。作者起初推定丹諾是無辜的，但深入研究史料之後不得不斷定相反的結論。

有別於一般所認識的英雄形象，丹諾在本書的描寫是個憤世嫉俗、老於世故的犬儒主義者，在承辦一件轟動全國的洛杉磯工會會員以炸彈攻擊洛杉磯時報的爆炸案中，丹諾涉嫌收買證人與陪審團，因而被捕受審。丹諾在結辯時，訴諸陪審團情感認同其人格特質與過往獻身的理念，而非該案的具體事證，最後獲判無罪。但本案不名譽的陰影持續多年籠罩在丹諾身上。本案受審的痛苦經驗似乎也使丹諾獲得精神上的救贖，因而在其餘生持續為反對死刑、民權、勞工與社會運動等理念奮鬥到底。

商周能在短短幾年推出這麼多好書，主要應歸功於發行人何飛鵬先生堅持出版理想，書系主編（我的高中同學）林宏濤規劃方向、持續關注，以及前後多位編輯的努力，恕我不一一頌名。出版界的文化人能這樣認真付出，將法治精神在台灣的土壤上播種紮根，令人感佩。說真的，這原本應該是司法院、法務部或者法律界本身應該承擔的使命，反而是商周這個原本與法律不相干的出版社，卻付出這麼多，法律界真應該感謝他們。

二、奈德其人

回到本題。《打不起的官司》這本書是「人與法律」書系中相當重要的作品，可惜似乎未引起國內的注意。不過，本書作者之一的奈德，比書本身還重要，所以先介紹他。

拉夫・奈德是美國消費者運動之父。《時代》與《生活》雜誌將他列為二十世紀最重要的100個人物之一，奈德在美國公共領域的領導地位持續了將近四十年。他推動通過了涵蓋各式各樣有關消費安全與福祉的法律和政策，包括汽車安全、輻射線、食品、保險等等，無數的人因為他的貢獻而得以免於意外傷害或死亡，單單就汽車安全部分而言，就超過百萬人以上。如果你坐過汽車，你應該感謝奈德，因為他，汽車的設計、製造納入安全考量，使得意外事故不易發生，即使發生也能避免或減少傷亡。

六〇年代中期，美國每年的汽車事故死亡人數已高達五萬人，受傷人數更高達四百萬人。但是當時的基本心態對於肇事死傷的原因都歸咎於駕駛人，通用汽車的副總哈力・巴爾（Harry Barr）就表示：「我們覺得駕駛人最重要。如果駕駛人完全照章行事，就不會有車禍了，不是嗎？」當時的《車與人》（Car and Driver）雜誌也有文章表示：汽車已經「幾乎盡可能的安全了」，「意外發生的主要原因是人，很少人真的學會把車開好。」當時的汽車廣告也幾乎絕口不提安全問題，而以馳騁馬力和外型風格為主要訴求。

奈德是哈佛法學院的畢業生，他在1965年出版“Unsafe at Any Speed： The Designed-in Dangers of the American Automobile”（《任何速度都不安全：隱含於美國汽車設計中的危

險》)。奈德在本書指控汽車業以汽車外型風格為優先，而置安全考量為次要。例如他在書中大幅討論「第二次撞擊」理論——汽車事故的傷亡，並不是肇事當時的第一次撞擊所造成，而是第一次撞擊之後，沒有適當保護設施（如安全帶）的駕駛人或乘客，與鐵製堅硬、尖銳的方向盤、儀表板等沒有緩衝保護設計的物體碰撞，他稱為「第二次撞擊」，所造成的。

奈德在書中也指責媒體或大學等研究機構，因為鉅額廣告費收入，以及汽車業的捐款，不敢得罪大汽車廠，所以車輛事故報導或汽車安全研究，都不透露汽車廠牌。典型地因為利益衝突，而枉顧消費者的權利。於是，掀起了奈德與汽車業的巨人——通用汽車間的大戰。

通用汽車僱用偵探調查奈德，試圖蒐集奈德的黑資料。結果通用汽車的偵探在美國國會大廈跟蹤奈德時被媒體發現，當時，奈德是國會聽證會的證人，依聯邦法律，騷擾國會證人是聯邦犯罪，可處五年以下有期徒刑或五千美元罰金。通用汽車總裁詹姆斯・羅契（James Roche）在國會聽證會上向奈德公開道歉。本案引起全國媒體大幅報導，轟動一時，奈德也一躍成為全國性的知名人物、消費者運動的先鋒。

幾個月後，透過奈德的努力以及輿論的壓力，國會通過一項汽車安全法案，成立全國公路安全局，有權制定汽車安全標準，隨後逐步規定包括肩式安全帶、安全玻璃、雙重煞車系統等安全設施。

奈德控告通用汽車的調查侵害隱私權，並請求兩千六百萬美元的賠償。這在六〇年代可以說是前所未聞，最後該案經過多年的拖延，於1970年以425,000美元和解，扣除律師費後，奈德取得280,000美元，這是當時有史以來因侵害隱私權所獲得最高額的賠償。

奈德用這筆錢成立了一家公益法律事務所"Public Interest Research Group"，簡稱"PIRG"，奈德的基本構想是，本錢雄厚的大公司可以花大錢請一整個軍隊的律師打官司維護公司的利益，為什麼不成立一個奉獻於公共利益的律師事務所？

奈德在1970年被哈佛法學院選為有史以來最傑出的校友。他長期致力於消費者運動，關懷環保、社會公共議題，廣泛參與國會聽證會，是許多法案的主要推手，並在全國各地針對各式議題推動組成各種公民團體，發表演說，以及推動地方性的公益法律事務所。

2000年，六十六歲的奈德代表綠黨參選美國總統，瓜分了民主黨的票源，使高爾在關鍵的佛羅里達州以數百票差距敗給小布希，讓保守派共和黨取得總統寶座。自由派人士痛罵他是敗事有餘的攪局者，但奈德堅持民主、共和兩黨都已腐化，都背離了美國人民的意志，並無真正的差別，只有他發出代表人民的聲音。

2004年，他再度出馬競選總統，仍然只獲得極少數的支持，只是這次對大局已毫無影響。小布希以數百萬票的差距贏得大選。

國內法律人最熟知的美國律師丹諾，是偉大的訴訟律師。但訴訟再成功，終究是個案，奈德卻以社會運動推動立法，造福數百萬生靈，這是個案訴訟無論如何都比不上的效果。奈德是美國公益律師的代表性人物，他從事社會運動的策略與技巧堪稱一流，演說魅力足以鼓動人心，真希望國內出版社能翻譯出版這位偉大律師的傳記，供國內法律人觀摩。2002年出版的奈德傳記《奈德：十字軍、攪局者、偶像》（"Nader： Crusader, Spoiler, Icon" by Justin Martin），頗值一讀。

三、資本主義的司法

本書英文原名為"No Contest： Corporate Lawyers and the Perversion of Justice in America"（《無可匹敵：商務律師與美國司法的敗壞》）。中譯本採意譯法將書名譯為《打不起的官司》，嫌過於狹義。書中探討的問題並不以訴訟為限。本書以無數的實例說明商務律師的法律策略，如何使正義的天秤向大企業傾斜。

第一章「一手遮天的權勢律師」提到美國大陸公司與林肯儲貸公司的詐騙案（94頁以下）。本案利用善良無知的小投資人（大多數是老年人）的弱點，販售無擔保，而且最終證明毫無價值的債券，估計受害者損失高達三十億美元。

為了能夠合法銷售債券，美國大陸／林肯公司需要正式法律意見證明其律師已經檢查過公司的經營紀錄與財務狀況，而公司的一切運作都處於正常且合法的狀態。該公司的會計師勤業會計師事務所（Arthur Anderson）拒絕提供服務，結果最後由眾達（Jones, Day）律師事務所承辦。眾達後來因此被受害的債券持有人集體控告，指責其明知該公司的紀錄不實，卻未予以揭露。

結果眾達為此支付五千一百萬美元罰金給政府（這是當時律師事務所就其業務責任所支付的最大一筆和解金額），並以二千四百萬美元與受害的債券持有人和解。

另一家也與該公司合作的大型法律事務所Kaye, Scholer, Fierman, Hays & Handler，也被控幫助詐欺，最後支付四千一百萬美元給聯邦政府，以及兩千萬美元給債券持有人，將本案和解。

國內最近一大堆地雷股爆發，許多執業會計師也因此遭到停業等程度不一的懲處，但比起美國這種高額賠償，已經算是相當輕微了。

第二章討論利用和解條件中的保密義務，掩蓋涉及公眾安全或健康的嚴重問題。例如第149頁以下所敘述的矽膠隆乳手術案，1984年陪審團判決因為隆乳用的矽膠設計、製造有瑕疵，以及對消費者詐欺，被告道康寧公司應賠償原告瑪利亞二十一萬一千美元，以及一百五十萬美元的懲罰性賠償。結果，道康寧公司要求和解，但是條件是撤銷原判決，本案相關資料文件必須彌封，和解金額也不得對外透露。目的很顯然是掩蓋其違法事證，以免被其他受害的消費者做為控訴的依據。

美國訴訟制度對於審判公開的要求相當徹底，原則上包括當事人提出於法院的文件資料，也是公開資訊，任何人均可支付成本費用取得影本，除非是涉及營業祕密的資料，可以請求法院發保護令，禁止洩漏。但如當事人雙方約定同意，可以請求法院將所有事證資料彌封，禁止他人檢閱。道康寧公司即是據此條件與瑪利亞和解。

在此同時，每年仍有超過十萬名婦女，因為不知道危險性而接受矽膠隆乳手術。瑪利亞雖然想將這些資訊公諸於世，但是她需要錢，矽膠在她體內破裂也造成很大傷害及後遺症，只好接受和解條件，封口不談相關違法事證。

問題不可能永久掩蓋，保密條件最後反噬了矽膠製造商。由於他們的律師長期以來成功地限制了有關產品危險性資訊的流傳，前後已經售出約兩百萬個乳房填充物，每個使用者都成為可能的受害人。最後約有四十萬名婦女提出集體訴訟求償，道康寧公司於1995年提出破產申請。矽膠主要製造商更建議集資42.5億美元與被害者和解。

然而，這些受害的消費者原本可以及早知道矽膠隆乳的危險性，而避免受害，卻因為和解條件規定封存相關事證，而被犧牲了。

第五章則提到“SLAPP”（“Strategic Lawsuit Against Public

Participation”，「嚇阻公共參與的策略性訴訟」)。SLAPP是指為了嚇阻公眾批評或反對聲音（這是憲法保障的言論自由），而提出法律上無價值或可質疑的訴訟。

例如279頁以下，1982年，加州小農民聯合刊登廣告支持有關闢建新水源計畫的「第九號公民投票案」，結果得罪兩家當地大型農業公司，以廣告內容的一句話為由，指控刊登廣告的農民誹謗，請求兩百五十萬美元的天價賠償。

那句話是：如果小農地無法耕作，兩家大型農業公司將可以完全控制加州農業，意即制定他們所想要的價格。原告據此主張，被告農民指控該公司企圖違反控制價格的反托辣斯法，是沒有根據的誹謗。

訴訟威脅使得相關的政治廣告被迫終止，許多小農民紛紛退出支持該公民投票案的活動，投票結果，第九號公民投票案也遭到否決，原告公司成功達到其政治目的。

即使已經獲得政治上的勝利，原告仍對維吉斯等小農糾纏不已，這件誹謗案纏訟了四年多，被告才勝訴確定。受壓迫的小農憤而提出反擊，反控波斯威爾公司侵權濫訴，判決最後原告勝訴，估計賠償金額（包括懲罰性賠償）約為一千五百萬美元。本案被譽為「反擊SLAPP」(SLAPP-back）的成功案例。

儘管如此，有財力、毅力與大公司對抗的小人物實在不多。然而，這類SLAPP訴訟卻層出不窮，為此，美國許多州特別立法制定「反SLAPP」法案，對SLAPP採取嚴格的程序限制。例如加州就有制定「反SLAPP」法案，有興趣的讀者可至下列網站http：//www.casp.net/，查詢相關資訊。

最近國內也有類似的例子出現。針對反6108億軍購案，民主行動聯盟總召集人、中正大學中文系教授謝大寧因指稱傳聞國防部已用金錢收買立委，支持軍購預算，遭國防部於今年11月初控告其侮辱公署。謝隨即因此辭去民盟總召的職務。

再如鴻海公司假扣押《工商時報》記者曠文琪三千萬元案件，記者薪水每月被扣三分之一，並因此向報社申請留職停薪。最後在台灣記者協會發起萬人連署聲援，並將串聯國際記者聯盟，展開柔性勸説全球廠商取消鴻海訂單，鴻海才與《工商時報》發表共同聲明，撤回對曠文琪假扣押案件。

第九章有一個最離譜的例子（537頁以下）。伊利諾州律師巴拉在江寶羅公司任職，該公司由德國子公司接收一批有問題的洗腎儀器，該批儀器可能導致病人的高度危險。巴拉建議公司拒絕接受這批儀器，因為這不符合美國食品藥物管理局的規定。結果卻被公司炒魷魚，公司也打算把這批貨物賣給客戶。巴拉於是向食品藥物管理局報告此事，該局決定沒收這批貨物。

巴拉律師的行為是為了救人，這不僅是道德上的情操，也是伊利諾州律師倫理規範的要求，該州的律師倫理規範規定，律師必須「在客戶的行為可能對第三人造成生命或其他重大身體傷害時，在阻止這類行為必要的範圍內，將這些資訊公開」。

巴拉向江寶羅公司提出違法的報復性解僱的訴訟。這是一種侵權行為，例如勞工向政府通報公司的不法行為（如違反環保法令），而遭雇主以解僱做為報復手段，勞工即可起訴主張公司是報復性解僱。

巴拉的控訴聽起來很合理。如果公司可以任意解僱堅持要遵守法律規定的內部法律顧問，高階主管就有龐大的權力可以壓制不同意見，並隱瞞不法行為。

江寶羅公司則抗辯，基於企業與其律師關係的特殊性，擔任企業法律顧問的律師，在任何情況下均不得提起報復性解僱的訴訟。本案一直纏訟到伊州最高法院。最高法院最後判決認為，依據律師倫理，巴拉別無選擇，只能揭露江寶羅公司的不法行為，那麼，就不需要提供關於報復性解僱的保護。因為律師必須遵守律師倫理，即使因此會失業，所以判決原告敗訴。這真是令人匪夷所思的邏輯。

本書所舉的無數例子，似乎一而再的證明了絕大多數商務律師就像好萊塢電影所描寫的——貪婪、無情、不擇手段，永遠與有錢有勢的大企業客戶站在一起。難怪電影「侏儸紀公園」裡，恐龍一開始攻擊的就是律師，而電影院裡許多美國觀眾都鼓掌叫好。

本書也涉及許多值得深思的律師倫理問題。可惜的是，本書雖然指出問題，卻未能提出徹底有效的解答，第九章「尋找改變體制的勇氣」雖然試圖就這些嚴重的病症提出藥方，但最終似乎主要仍訴諸商務律師的自覺，企圖喚醒他們沉睡中的道德勇氣。

絕大多數的商務律師都不會公開討論本書所觸及的問題，如果不是像奈德這樣的法律圈內人，絕對寫不出這麼深入、露骨的批判。本書應該列為所有法律系學生與新進律師的指定讀物。

李子春與檢察官倫理

李子春檢察官上「2100全民開講」就司法個案發表評論，民間司改會羅秉成律師日前在《中國時報》投書（2006/4/2，「李子春的上台與下台」），質疑李檢察官違反專業倫理：「以加州的法曹倫理規範為例，原則上是禁止法官評論進行中的個案，是以專業倫理規範來限制法官言論自由的範圍。與法官一樣具有『司法官』屬性的檢察官，恐怕也應受到相同的限制。」

其實，美國檢察官性質上是代表官方的律師，與律師同受律師倫理規範約束，並不適用法官倫理。檢察官上電視做個案評論，也不見得會抵觸美國的法律專業倫理。

加州的法官倫理第3B(9)條，明文禁止法官就偵查或審判中的案件公開評論，即使是非公開的私下評論，如果可能會實質上干涉公平審判，也不容許。

律師或檢察官則依據加州律師倫理規範第5-120條規定，「就其參與的個案」，不得在司法程序外發表有高度可能重大影響司法公正的言論。換言之，如果不是律師或檢察官本身參與的個案，就不受此限制。這項規定的主旨，是防止參與個案偵審的律師、檢察官，不在法院裡按照法定程序攻防，卻在法庭外大放厥詞，玩弄媒體審判的技巧，企圖影響審判者（包括法官與陪審團）的心證，或製造輿論壓力給審判者。準此，李子春針對本身未參與的個案，發表評論，並不抵觸加州倫理規範。

回到台灣的法律倫理。台灣的法官、檢察官倫理規範，名稱為「法官守則」、「檢察官守則」，聽起來像青年守則，有些條文用語也像青年守則一樣，出現含糊不清的道德教條，卻缺乏針對具體常見的專業情境問題，提供明確的倫理指南。

支持或反對李子春的人都可以從現行「檢察官守則」找到論據。支持者可以主張，依檢察官守則第一條：「檢察官應堅持人權保障及公平正義之實現，並致力司法制度之健全發展，不因個人升遷、尊榮或私利而妥協」，李子春足為檢察官表率。反對者卻可認為李子春是個人英雄主義，踐踏司法形象，以成就個人聲望。

反對者可以主張其違反第十條：「檢察官不得以私人或機關代表名義，任意公開發表有關職務之不當言論，致損及機關聲譽及檢察官形象。」支持者卻可以質疑，李子春的言論正是檢方內部難得的批判與反省的正義之聲，恰有助於挽救檢察官日益低落的形象，有何不當可言？

這樣的辯論不會有交集，也不會有結論，因為雙方基本立場與價值觀截然不同。這種根源於立場與價值觀的歧異，可以做為認定違反專業倫理的根據嗎？這是法務部與高檢署考慮懲處李子春首先必須回答的問題？由此，也突顯出檢察官守則無力解決此種基本立場與價值觀衝突的困境。

【後記】

李子春檢察官在2006/4/11參加立法院旁的群眾活動，並上台發表言論，反對立法院通過檢察總長的人事案。花蓮地檢署考績會認為李子春的行為，已經違背檢察官守則第十條「檢察官不得以私人或機關代表名義，任意公開發表有關職務之不當言論，致損及機關聲譽及檢察官形象。」決議處以小過二次。此一懲處，是針對其參與群眾活動之政治言論，與本文討論之問題並不相同。

城仲模與司法倫理

城仲模因緋聞案辭職後，我向一位德國律師請教，如果同樣的緋聞發生在德國法官身上，會有什麼結果？

他的回答很有意思。根據統計，約有30％的德國已婚人士有婚外情，德國法在六〇年代就將通姦除罪化了，反正政府也不可能把那麼多通姦的人關到監獄。所以，如果同樣的緋聞發生在德國法官，沒有違法問題，只有道德問題。從司法倫理的觀點，是可以因道德問題而懲戒。不過，因為緋聞內容只涉及私德，沒有影響到司法職務或司法公正獨立，就算懲戒，恐怕也罪不至辭職。

我查了一下美國法官倫理規定，也和一位美國律師討論本案。美國法曹協會的「模範司法行為法」是最具影響力的倫理規範。該模範法第二條規定：「法官的所有活動應避免不當或表面上不當」，該條注解說明，本條適用於法官的專業行為，也適用於私人行為。根據該條的細部規定與注解，所謂「不當」指的是違反法律、法規或其他法官倫理規定；「表面上不當」則是指：會影響法官公正無私以及適任（competence）履行司法職責的能力。

其著眼點在於司法公正、獨立、專業的職責與形象，而非無限上綱要求法官在公、私各方面，無論是否與其職務或司法形象相關，都必須是純潔無瑕的聖人，這樣的要求事實上不可能，也沒有必要。

同樣的法官緋聞如果發生在美國，要看發生在哪一州。因為美國有些州有通姦罪，有些則沒有，在有通姦罪規定的州，才有同時違反法官倫理的問題。不過即使在有通姦罪的州，檢察官通常也不起訴執行通姦罪，經過六〇年代的性革命，美國社會的性道德觀已經大為開放，跟德國情形一樣，不可能把那麼多通姦犯關到監獄。所以，就算在有通姦罪的州，法官緋聞恐怕也不至於鬧到要辭職。

有趣的是，城仲模對本案提出的說明——他只是幫助王女就一些法律文件提供法律意見，反而當然構成違反美國司法倫理。前述模範法第4.G條規定：「法官不得執行法律業務。但法官得處理其本人的法律事務，並無償為其家人提供法律諮詢或撰擬或審查文件。」美國法官不得對家人以外的第三人提供法律諮詢，即使無償也不行。這個問題實際上比緋聞明確，而且涉及基本角色衝突，不是單純私德問題，國內輿論反而沒有人提。

就台灣法而論，城大法官如果確有觸犯通姦罪，是可以構成違反司法倫理的懲戒事由。然而，本案是否確有通姦行為，仍未證實，也未經其配偶提出告訴。就告訴乃論的罪名，如未經告訴，可否構成懲戒事由，也仍有討論空間。何況，實務上大多數通姦案也只是判易科罰金了事。

結果輿論卻大多要求城仲模立即辭職，這是否表示台灣的司法倫理標準，已經崇高到超德趕美？或者，這是一件狗仔隊與性麥卡錫主義不約而同演出的道德劇？（本文原載於2006/4/8《聯合報》民意論壇）

律師不能用魔鬼的方式代言

「魔鬼代言人」的質疑，是律師專業倫理的第一課，標準答案是——律師可以替魔鬼代言，但是不能用魔鬼的方式代言。

最近因趙建銘案，陳水扁常用律師顧立雄受委任為律師，再度引起討論。「魔鬼代言人」的問題應分兩部分：一、律師可否替壞人辯護？二、律師辦案可否不擇手段？

哈佛法律系名教授德蕭維奇曾指出，大多數刑事律師是在替（實際上）有罪的被告辯護，其中包括各種黑道、販毒、賣淫，以及白領犯罪等社會鄙夷（但是卻通常很賺錢）的當事人。納粹、日本軍閥在紐倫堡大審與東京審判都有律師辯護。幾年前高雄市長選舉，白冰冰因為謝長廷在陳進興案中的角色，公開指責謝「既不是好人，也不是壞人，他不是人！」當時，律師公會也發表強烈聲明澄清辯護律師的角色。

即使被社會公認為十惡不赦的壞人也有權由律師辯護，這是無罪推定的基本人權原則。所以，律師毫無疑問可以替趙建銘辯護，只是律師辦案必須遵守法律與專業倫理，不能不擇手段，這是趙案中律師角色啟人疑竇之處。

律師公開表示，該案「百分之百會起訴」；陳總統希望本案「速戰速決」、「盡速起訴」；「陳幸妤和第一家庭皆以為生寶臍帶血代言屬公益活動性質，並不知有一千七百萬元代言費」等。

這些發言對陳水扁、吳淑珍、陳幸妤有利，可以在政治上儘快停損，在法律上限縮、切割，避免案情向第一家庭發展；但是對當事人趙建銘卻明顯不利，尤其透露隱瞞生寶臍帶血鉅額代言費一事，證實趙建銘連枕邊人都騙，誠信有重大瑕疵，將來審判時如何取信法院？趙建銘是否暗槓陳幸妤應得的代言費據為己有，涉及侵占罪，也值得推敲。

為什麼律師會發表對當事人趙建銘有害無益的言論，確實令人費解，難怪被質疑是為保護陳家。果如此，就可能違反律師應維護當事人趙建銘權益的忠實義務、保密義務，以及律師倫理規範中禁止利益衝突的規定。

當然，如果律師發表上述言論是向趙建銘說明可能的後果與風險，經其同意後發表，就沒有問題（但仍可能有潛在利益衝突)。比較明智的作法，則是擬好書面聲明，以趙本人名義發表。

本案類似美國法律倫理教科書中，律師為數名同案刑事被告辯護涉及「利益衝突」的典型案例。我在《美國法律倫理》一書的序文也舉過一個例子：販毒集團的下線被抓，某位友人幫忙找律師、付律師費，甚至願負擔偵訊全程的鐘點費。但要求律師隨時報告案情發展，並有技巧地勸告在押被告不要供出毒品來源。此名友人可能是販毒集團的首腦，要求透露案情的目的可能是便於其串供或湮滅證據，律師該怎麼辦？

可見在有多數被告的案件，通常會有直接或潛在利益衝突問題，不論是黑道街頭犯罪，或像趙建銘案的白領犯罪。美國法律倫理教科書就此有不同案例類型的討論，相當深入。可惜國內幾乎沒有相關論述。

「法律倫理」應列為法律人國家考試的科目，如果像顧立雄這樣曾任台北律師公會理事長的大律師，都會陷入此種法律倫理爭議，豈不更突顯加強律師對法律專業倫理認知的重要性？（本文原載於2006/06/17《中國時報》時論廣場）

律師形象與美國的律師總統

對陳水扁總統「律師性格」的批評，似乎已經被簡化成：律師具有許多負面性格，所以不適合做總統。這是利用一般人對律師的負面刻板印象達到政治批評的目的，其副作用則是進一步強化社會對律師的負面觀感，以及樹立「律師不適合當總統」的迷思，「律師性格」現在也完全變成一個負面詞彙。

台灣欠缺對律師聲望的長期調查，所以不能斷定律師聲望是否像在美國那麼低落。我的猜測是，律師形象成了藍綠大戰中被流彈波及的第三者，受傷慘重。

美國人對律師的印象在七〇年代以後開始大跌，遠超過其他行業。一般認為水門案是關鍵因素之一，律師出身的尼克森被彈劾而辭職下台，涉案的高階政府官員也有許多是律師出身，如司法部長密契爾就因偽證、妨害司法等罪名被判刑坐牢。這麼多法律人出身的高階政府官員違法亂紀，導致公眾對律師品格喪失信心，律師形象大壞。

就像種族、性別、宗教等偏見，對律師的負面刻板印象，一旦形成就很難改變，加上電影、電視等大眾文化推波助瀾，美國的律師聲望近幾年來一直在谷底徘徊。2005年蓋洛普民意調查結果，美國人認為律師的誠信／倫理水準「高」或「很高」

的只有18%，低於記者（28%）與不動產仲介（20%），高於股市營業員（16%）、企業高階主管（16%）與國會議員（16%-14%）。

美國法曹協會在水門案後認定原有的律師倫理規範顯然失敗，因而全面重新修訂律師倫理規範，並要求所有其認證的法學院必須將專業倫理列為法學院學生的必修課。這是台灣律師界重建律師形象，可以參考努力的方向。

對律師形象的攻擊，有時難免走火入魔。以「律師不適合當總統」的迷思而論，2004年美國總統大選時，小布希與錢尼也曾攻詰民主黨候選人凱利與愛德華（兩人都是律師出身），指稱醫療保險費用高漲應歸咎訴訟律師（愛德華就是以醫療過失訴訟賺進數百萬美元的名律師）。結果美國人選出歷史上第一位MBA總統小布希，管理國家的成績卻鴉鴉烏。

事實上，美國建國以來出過43個總統，其中25個是律師出身，西北大學在2004年出版《美國的律師總統－從法律事務所到橢圓形辦公室》一書，對25位律師總統的生平、律師生涯，以及律師經歷對其擔任總統職務的影響，有深入剖析。建國元勛傑佛遜、亞當斯父子，解放黑奴的林肯、領導美國人度過經濟大蕭條與二次大戰的小羅斯福等，都是貢獻卓著的律師總統。傑佛遜在起草獨立宣言以前在維吉尼亞承辦不動產交易的法律文件；簽署解放黑奴令的林肯則曾經是鐵路公司（當時最有權勢的企業）的律師。

現代三個律師總統中，尼克森、柯林頓被彈劾，福特也沒有出色的政績。知法的律師不一定守法，尼克森因違法亂紀、謊話連篇而被轟下台，柯林頓則搞七捻三、顏面盡失。少數律師總統胡搞，並不代表律師不適合當總統，畢竟美國的律師總統大多幹得很出色，成績斐然。

林肯在1850年代（擔任總統前），對律師同業的演講中曾說：「有一種模糊的流行看法認為律師必然不誠實。對受召喚而選擇律師業的年輕人，絕不要有一時半刻向這種看法投降。下定決心在所有事情上誠實，如果沒辦法做個誠實的律師，那麼寧可誠實，不做律師。選擇別的行業，而不要在選擇職業時事先同意做個騙子。」

相信大多數律師在決定從事律師業時並沒有「事先同意做個騙子」。罵阿扁的人可不可以不要老是順便把律師也罵進去？（本文原載於《全國律師》95年6月號）

加強律師倫理，搶救律師形象！

最近，陳水扁總統及第一家庭涉及諸多貪腐弊案，遭到輿論嚴厲的批評，甚至要求其辭職下台。在此政治過程中，部分輿論大力抨擊「律師性格」，律師性格被簡化為是非不分、顛倒黑白、強辭奪理、信口雌黃、狡辯硬拗等負面形象。這些批評利用一般人對律師的負面刻板印象達到政治批評的目的，卻同時強化社會對律師的負面觀感。戰爭中最先陣亡的就是「真相」，律師形象也被這波政治風暴掃到颱風尾，損傷慘重。

美國律師形象在尼克森水門案後大幅滑落，同樣的情況會不會發生在台灣？值得我輩律師同道警惕！

律師出身的尼克森因水門案被彈劾而辭職下台，涉案的高階政府官員也有許多是律師出身，如司法部長密契爾就因偽證、妨害司法等罪名被判刑坐牢，是美國歷史上第一個也是唯一一個被定罪判刑的司法部長。這麼多律師出身的高階政府官員違法亂紀、胡作非為，導致美國人對政府官員與律師的信心大為降低。

根據美國哈瑞斯民意調查公司（Harris Polls）在1997年的一份全國調查結果中表示：「最近哈瑞斯民意調查公司發現，民眾對律師與律師事務所的印象越來越差。律師聲望在過去二十年大跌的速度，沒有一個行業比得上。在哈瑞斯所作包括國會、工會、聯邦政府等以機構為對象的調查中，民眾對法律事務所最缺乏信任。」

2005年蓋洛普民意調查結果，美國人認為律師的誠信／倫理水準「高」或「很高」的只有18%，低於記者（28%）與不動產仲介（20%），高於股市營業員（16%）、企業高階主管（16%）與國會議員（16-14%）。

如果台灣的律師形象也走到這一步，那真是律師界的悲哀！律師界應該採取行動，搶救律師形象！

美國法曹協會在水門案之後，認定原有的律師倫理規範顯然失敗，必須全面重新修訂律師倫理規範，並要求所有其認證的法學院必須將專業倫理列為法學院學生的必修課。各州律師公會對律師違反律師倫理規範的行為，也普遍加強調查懲處。

以律師對法院的誠實義務為例，美國法曹協會的「模範專業行為準則」（Model Rules of Professional Conduct）第3.3（a）條規定：

律師不得明知而：

（1）向法院就事實或法律為不實陳述，或不更正先前就重要的事實或法律向法院所為的不實陳述；

（2）不向法院揭露該律師所知與其客戶之立場直接相反，而對造律師未揭露之該法院轄區有拘束力的法源；或

（3）提出其知悉為不實之證據。如果律師或其客戶，或該

律師所傳喚之證人已提出重要證據，而為該律師知悉其為不實，該律師應採取合理的補救措施，包括，如有必要，向法院揭露。除刑案被告之證詞外，律師得拒絕提出其合理認為不實之證據。

根據此一規定，律師不論就法律、事實或證據在法院顛倒黑白、信口雌黃，都構成違反律師倫理的懲戒事由；如果事前不知所提出的事證或法律上的主張有誤，事後得知時，還有向法院更正的義務；甚至，對造律師不慎未提出的法規、判例，儘管不利於己方當事人，也必須主動向法院揭露，不能只提對己方有利的判例，不利的都避而不談。

可見，美國民、刑事訴訟雖然都採當事人主義，對律師誠實義務的要求，卻遠比我國法要嚴格而明確，不容許所謂「律師各為其主，為求勝訴，可以不擇手段」的錯誤觀念。

反觀我國的類似規定，律師法第二十八條「律師對於委託人、法院、檢察機關或司法警察機關，不得有矇蔽或欺誘之行為。」律師倫理規範第十一條「律師不應拘泥於訴訟勝敗而忽略真實之發現」，都過於抽象簡略，容有許多爭議存在，比起美國法規定，顯然有相當的改進空間。

要加強律師倫理，有幾項重點工作：

1. 參考外國律師倫理規範，全面檢討修正我國律師倫理規範（實體法）。

2. 大幅修改律師懲戒制度（程序法），開放對律師執業不當行為的申訴管道，強化懲戒委員會的調查權限與機制，提供律師在懲戒程序中正當法律程序之保障。
3. 推動將律師倫理列為律師考試科目。
4. 推動大學法律系（或法研所）將法律專業倫理列為必修課。

「律師倫理」列為律師考試科目，可比照以前國文科作法，單獨訂定及格標準，如該科未達及格標準，即使其他專業科目之分數已及格，仍視為不及格，以表示對律師倫理的重視。亦可採取較彈性作法，例如，「律師倫理」可獨立於其他專業科目外考試，一年可以考三、四次，應考人可在專業科目考試前後自行報名應考，通過之後可保留一定年限。如其他專業科目考試通過，在「律師倫理」未考試及格前，不得取得律師資格。美國即採此一作法。

尼克森因違法亂紀、謊話連篇而被轟下台，柯林頓因搞七捻三顏面盡失，又偽證説謊而面臨彈劾危機，並遭阿肯色州律師公會懲戒調查，終於在其總統任期的最後一天，同意承認偽證犯行，支付25,000美元之罰鍰予阿肯色州律師公會，並停止其律師執照五年。其後，美國聯邦最高法院也下令禁止柯林頓在最高法院執業。兩人都成了律師從政最佳的負面示範。

陳水扁總統曾經是成功的海商律師，因參與美麗島大審與政治反對運動，被推崇為人權律師，並成為台灣的第一位律師總統，原本是律師界的光榮。然而曾幾何時，竟因其言談行事作風，以及涉及諸多貪腐弊案，陷入政治泥淖。連帶使「律師性格」一詞完全變成負面涵義，律師形象深受重傷。與尼克森、柯林頓對照，令人生無限感慨！

像陳水扁總統這樣已經離開律師界從政多年，輿論仍將其種種作為歸咎於「律師性格」。我輩執業律師豈不更應該重視律師倫理，共同維護律師形象？（本文原載於《全國律師》2006年9月號）

當代憲法傳奇—美國憲法第廿七條修正案

很少人知道美國憲法增修條文第廿七條的內容，知道這個憲法條文通過背後精采故事的人一定更少。

美國憲法增修第廿七條是有關參、眾兩院國會議員待遇調整的限制，條文規定：「調整參議員與眾議員待遇之法律，必須在下一次眾議員選舉後，始生效力。」其基本出發點是防止自肥，我國憲法增修條文第八條第一項也有類似規定 。

令人驚訝的是，這個增修條文草案早於西元1789年由美國參、眾兩院通過，移送各州批准（ratification），卻直到兩百零三年後的西元1992年才獲得41個州批准，符合美國憲法規定修憲案必須經過四分之三的州批准的要件，成為美國憲法的一部分。這恐怕創下人類歷史上任何法案從提案到通過費時最久的歷史紀錄！更令人驚訝的是，這個修憲案的通過，主要應歸功於一位小市民喬治・華生（George D. Watson），而他投入其中進而掀起修憲風雲的起因，竟然是他二十歲唸大學時的一篇學期報告。

事情的背景是這樣的。美國制憲當時有聯邦派（federalist）與反聯邦派（anti-federalist）的大辯論，反聯邦派反對制憲的理由很多，其中一點就是憲法草案中沒有規定國會的規模和待遇。憲法第一條只初步定出眾院議員的人數為65席，每三萬人選出一席　，每州至少應有一名眾議員，但對於議員待遇毫無規定。憲法草案後來雖然通過了，但隨即出現修憲的呼聲。

美國憲法之父——詹姆士．麥迪生起先認為沒有必要修憲，但他與傑佛遜、華盛頓等溝通之後，才改變主意。第一屆國會在1789年召開，提出修憲草案，草案第一條規定眾議院議員的人數；草案第二條則是限制國會議員提高自己待遇的禁止自肥條款，也就是後來的第廿七條憲法增修條文。加上有關人權的十條修憲案，一共有十二條修憲草案。結果有關人權的十條修憲案在1791年通過了，即是所謂的人權憲章（Bill of Rights），但有關眾議院議員人數以及限制國會待遇的修憲草案卻未通過，前者有十個州批准，一個州否決；後者有六個州批准，五個州否決。當時美國有十三州，表示有兩個州對此兩個修憲條文未表示意見。因為這兩個修憲草案條文在提出時並未設定通過時限，從此就處於冬眠狀態。

有關眾議院議員人數的問題，後來透過立法解決，由國會規定眾議院議員人數上限為435人。但有關國會議員待遇的問題卻持續存在，從1789年到二十世紀，始終發生爭論。

1975年，國會立法規定參、眾議員待遇比照其他聯邦公務員，依生活成本指數調整（cost-of-living adjustments），但仍須國會表決通過。後來該法又進一步修正為，除非國會表決不予調整，其待遇將自動依照生活成本指數調整。

西元1982年，二十歲的喬治・華生是德州大學奧斯汀分校主修經濟學的二年級學生。為了一篇政治學的學期報告，而找到了這個題目。華生發現美國國會在西元1789年提出限制國會議員待遇的憲法修正草案。透過進一步研究，他發現草案提出當年，有六個州批准通過，有五個州加以否決。但有另外一州卻在多年之後加入批准的行列。

西元1873年，國會通過將參眾議員待遇由年薪5,000美元提高到7,500美元，而且溯及兩年前生效，使每個議員獲得5,000美元的橫財。當時輿論大譁，稱之為「搶錢加薪」（Salary Grab），俄亥俄州州議會為抗議國會自肥，就批准了前述憲法修正草案，距當初國會通過此一修憲草案已經是八十四年後。輿論的大力抨擊後來終於迫使國會廢除這項加薪措施。

華生認為，既然當初該憲法修正草案沒有任何時效限制，就尚未失效，其他各州仍可加以批准。何況，國會議員自肥仍然是公眾關切的議題。於是，他寫了一篇學期報告，主張該憲法修正草案仍可由各州加以批准。不過，教授並不欣賞他的報告，只給他「C」的成績。

但是，華生對自己的看法深信不疑，決心推動該修憲草案的通過。一開始，他以為只有七個州批准了該修憲草案，要獲得四分之三的州批准，一共要有38州的支持，還缺31州。他覺得最好從州議會中參、眾兩院都由同一黨主控的州開始遊說，成功的機會比較大。於是他從緬因州開始，成功說服該州議員在1983年批准修憲草案。隔年，科羅拉多州也跟進。媒體報導這兩個遲來的批准之後，懷俄明州出面表示，該州為了抗議國會議員提高待遇，業已在1977年批准了該修憲案。

華生單槍匹馬的努力引起注意，一些有來頭的人物也加入他的陣營，包括推動加州第十三號創制案（限制州財產稅）的保羅・甘（Paul Gann），以及消費者運動之父拉夫・奈德（Ralph Nader），共同推動所有的州加入批准該修憲案的運動。

其時，華生已成為德州議會的立法助理，但仍利用公餘及週末時間推動本案。他用自己的時間、金錢做研究、打字、郵寄無數的文件給各州議會、打長途電話提供協助等。他的目標是在該修憲案由國會通過的兩百週年時完成修憲。

1989年已有廿七州批准了此一修憲案，許多國會議員也鼓勵其所屬的州採取一致的行動。不過，華盛頓郵報報導有憲法學者表示質疑。杜克大學法學教授華特・狄林傑（Walter Dellinger）認為「該修憲案已經死了」，雖然憲法沒有規定任何時效限制，但「最高法院曾表示，修憲案的採用是為了反映『當代的共識』，因此，一個冬眠了兩百年的修憲案已經不再有效了。」狄林傑教授指的是Coleman v. Miller一案。不過，該案的判決主旨並沒有定出具體時限，最高法院將此一問題交給國會決定。華生這位仁兄，確信他所推動的正是「當代的共識」，所以依然努力不懈。

到了1992年，密西根和紐澤西搶著要成為第38州，使修憲案正式通過。結果，密西根州動作比較快，隨後紐澤西、伊利諾、加州都通過了，總共有41州批准。1992年5月8日，國家檔案局局長威爾森（Don W. Wilson）宣布憲法增修第廿七條批准通過，成為憲法的一部分。

美國國會傻眼了。參議院議長表示，應由國會決定憲法有沒有被修改？什麼時候被修改了？但是國會議員很清楚，如果他們膽敢挑戰修憲的合法性，特別是限制國會議員待遇的敏感議題，後果不堪設想。於是參議院以99對0票，眾議院也以414對3票表決，確認了憲法增修第廿七條的通過。

華生花了十年時間幾乎以一人之力成功推動了修憲，成為締造憲政傳奇的傳奇人物。當年給他爛成績的教授而今安在？她已經不再教書，在墨西哥邊界附近賣水果。當記者追查到她的下落，打電話告訴她華生把憲法修改掉了，她很不好意思，趕快打電話向華生道歉。

整件事似乎有了完美的結局。問題是，從1997年到現在，國會議員諸公仍然依生活成本指數調整加了四次薪水。他們的立場是，待遇調整是根據修憲前就通過的法律，所以他們沒有違憲立法，只是遵照修憲前既存的法律規定辦事。國會議員可以主張，憲法增修第廿七條限制國會議員加薪須待眾院議員改選一次的出發點，是為避免直接的利益衝突，限制自肥。但依照生活成本指數調薪，是修憲前的法律規定的，換言之，是由幾十年前的國會通過，並沒有直接的利益衝突；如果上一屆國會可以替下屆議員加薪，舉輕以明重，幾十年前的國會更可以替未來的議員加薪。但是，修憲條文的通過，難道對於之前依生活成本指數自動加薪的立法毫無影響？爭議仍然存在。到目前為止，還沒有人取得當事人適格的地位，向聯邦法院起訴強制國會不得加薪。華生的努力，固然限制了未來的加薪立法，但過去立法規定隨生活成本指數調整自動加薪，是否違憲，還有待釐清。

回到我國，早在民國80年（1991年，比美國憲法增修第廿七條完成修憲還早一年），大法官釋字第282號解釋就表示：「…國民大會代表在特定情形下，例如集會行使職權時，所得受領之報酬，亦應與其他中央民意代表之待遇，分別以法律明定其項目及標準，始得據以編列預算支付之。」隔年的釋字第299號解釋又重申：「中央民意代表之待遇或報酬，應視其職務之性質，分別以法律規定適當之項目與標準，以建立民意代表依法支領待遇之制度。」前述憲法增修條文第八條第一項，除了明定立法委員依法支領報酬或待遇之制度，又進一步增訂增加報酬或待遇之規定應自次屆起實施的限制。這是在民國89年修憲新增的規定。

實務上，除了民國81年7月17日制定的國民大會代表報酬及費用支給條例以外，對於立法委員的待遇和報酬至今沒有以專法明定。前述大法官的兩號解釋是以條件式的用語表達，意思非常清楚，有立法規定立委待遇或報酬的「適當項目與標準」，才可以編預算，才可以付錢給立委。足見大法官對於立委支領待遇、報酬之憲法上要件，提出強烈的「明確性」要求(相當於「法律保留原則」)，以及「適當性」標準。民國89年修憲增訂的增修條文第八條第一項，雖然沒有具體規定立法委員待遇、報酬之立法必須明定適當項目與標準，解釋上，應該沒有解除或放寬前述大法官解釋所提出之「明確性」與「適當性」的憲法要求之意。換言之，釋字282及299兩號解釋，與憲法增修條文第八條第一項，並無矛盾衝突，都是立委支領待遇、報酬之憲法上要件。

然而，制定於民國88年之立法委員行為法第十三條卻規定：「立法委員待遇之支給，比照中央部會首長之標準。」至今，本條規定仍是立委待遇的法律依據所在。這不僅不符大法官解釋所要求的項目與標準之「明確性」，就行政部門部會首長與立委間的職能差異而論，也不適合相互比照，其「適當性」亦難以成立。因此，立法委員行為法第十三條並不符合上述大法官釋字282及299兩號解釋之要求，不能作為立委支領待遇報酬的合憲依據。

從釋字第282號解釋到現在已超過十年了，立委仍然無視大法官解釋對其待遇報酬「明確性」與「適當性」的要求，照樣領取違憲的高額待遇！什麼時候台灣才會出現一些像喬治．華生這樣的超級公民，推動將憲法的要求具體落實？美國等了兩百多年，到底我們要等到什麼時候？

參考資料

1. John W. Dean, The Telling Tale of the Twenty-Seventh Amendment： A Sleeping Amendment Concerning Congressional Compensation is Later Revived, http：//writ.news.findlaw.com/dean/ 20020927.html
2. The Congressional Research Service, Library of Congress, The Constitution of the United States of America： Analysis and Interpretation, Annotations of Cases Decided by the Supreme Court of the United States, 1992 ed., http：//www.access.gpo.gov/congress/senate/constitution/amdt27.html
3. Richard B. Bernstein and Jerome Agel, Amending America： If We Love the Constitution So Much, Why Do We Keep Trying to Change It？（Times Books, 1993）

• 據報載，目前編列的立委預算，包括歲費、公費約17萬，這屬於立委個人收入。此外每個立委還編列公費助理費用三十萬、加班費六萬，以及選民服務費十四萬，「對於不問政也不服務選民，或養人頭助理、將公費薪資入自家親人帳戶的委員來說，這些錢屬於淨收入。」參民國91年10月29日《中國時報》，莫明（國會助理），「薪水減半 專業清廉打折？」

修訂新版後記

1988年，波蘭名導演奇士勞斯基（Krzysztof Kieslowski）執導的「殺人影片」(Short Film About Killing)，贏得坎城影展大獎。這部片把殺人與死刑制度放到同一個天平上審判，觀點獨特，影像風格冷峻，引起熱烈討論，導致波蘭政府決定停止執行死刑五年。2004年，波蘭為了加入歐盟，簽署歐洲人權公約，完全廢除死刑。電影不能小看！

本書原名《看電影，學法律》(2000年出版)。感謝五南主編楊智傑先生對本書的興趣與協助，才使本書有機會在五南重新出版。

本書是法律影評，不是藝術影評。寫作期間，大約是1998年到1999年間。雖然不是專業的法律論文，當初寫作時設定的標準是，分析討論影片中所呈現法律問題，要做到不只一般人，甚至連專業法律人也覺得有啟發性與參考價值。因此，每一篇都花時間看書、找資料，外國法部分上網，國內法部分則查閱最新學說和判例，務求掌握最新理論動向與實務發展。

這幾年國內法制與實務有許多重大變革，因此新版配合修訂增補。修訂過程重閱全書，很驚訝發現，當時書中許多法制興革的主張，已成為事實，例如：

——刑事訴訟改採交互詰問制度

——刑事訴訟法明定證據排除法則

——軍事審判法全面修訂

——替代役制度建立

——法律倫理問題漸受重視

這幾年，我的執業重心已漸轉移到涉外智慧財產權、國際商務領域，然對電影的興趣、法律改革的熱情，仍未忘懷。書中附錄十幾篇這幾年寫的短文，大部分是針對時事相關法律問題，還有兩篇書介，或多或少與影評部分所討論的問題有關，供讀者參考。

台灣有沒有可能拍出精彩的法律電影？我想成本不是太大問題，奇士勞斯基的「殺人影片」也是低成本製作。有一次，我和一位國際知名的導演聊到我當兵做書記官時處理過的軍法審判殺人案。那時軍法官和我都是法律系畢業沒多久，沒什麼經驗，看老卷研究怎麼辦案、做筆錄，到最後死刑宣判、執行的過程。

他聽完直說：這太猛了！奇士勞斯基也比不上！A story about how the system teaches a bunch of young officers to execute another young man.

他一語點破我從來沒有想到的觀點。電影真是不能小看！

法律電影院
Memo

國家圖書館出版品預行編目資料

法律電影院／蔡兆誠著.
—初版.—臺北市：五南，2007［民96］
面；　公分 --(法律人文館)
ISBN 978-957-11-4646-1（平裝）
1.法律 - 通俗作品
580.23　　　96000958

1QG3

法律電影院

作　　者 — 蔡兆誠(372.2)
發 行 人 — 楊榮川
總 編 輯 — 王翠華
主　　編 — 劉靜芬
責任編輯 — 胡天慈
封面設計 — 斐類設計工作室
內頁構成 — 小題大作
出 版 者 — 五南圖書出版股份有限公司
地　　址：106台北市大安區和平東路二段339號4樓
電　　話：(02)2705-5066　傳　　真：(02)2706-6100
網　　址：http://www.wunan.com.tw
電子郵件：wunan@wunan.com.tw
劃撥帳號：01068953
戶　　名：五南圖書出版股份有限公司

台中市駐區辦公室/台中市中區中山路6號
電　　話：(04)2223-0891　傳　　真：(04)2223-3549
高雄市駐區辦公室/高雄市新興區中山一路290號
電　　話：(07)2358-702　傳　　真：(07)2350-236

法律顧問　元貞聯合法律事務所　張澤平律師

出版日期　2007年 4月初版一刷
　　　　　2012年11月初版五刷
定　　價　新臺幣380元